Frei sein ...

... wie ein Vogel am Himmel schweben,
die gewaltigen Kräfte von Sonne und Wind spüren,
atemberaubende Natur erleben, die faszinierende
Welt über den Wolken kennenlernen.

DER ITH stellt mit einer Hanglänge von 20 km und einer einmalig günstigen Windsituation von Südwest- und Nordost-Winden eine herausragende thermische Ausnahmeerscheinung dar.

1930 siedelte sich hier eine Gemeinschaft von leidenschaftlichen Fliegern an. Zwischen 1933 und 1945 erhielt die Segelflugschule Ith den Rang einer der bedeutendsten Ausbildungsstätten weltweit.

Auch für die Segelfluggruppe der Royal Air Force hatte der Ith zwischen 1946 und 1954 einen hohen Stellenwert.

Jährlich stattfindende Flugtage ziehen seit 1961 die Menschen in Scharen auf den Ith, etwa um die Fliegerstaffel der »Red Arrows« zu erleben, die extra für einen Schauflug aus England kam.

Auch heute finden sich immer mehr Flugvereinigungen aus ganz Deutschland auf dem Ith ein.

Weltrekord im Streckensegelflug: 3009 Kilometer
Höhenweltrekord im Segelflug: 15460 Meter

IM AUFWIND DES ITH

Luftsport auf den Ithwiesen seit 1930

Verlag Jörg Mitzkat

Danksagung

Für die Mitwirkung an der Erarbeitung des Bildbandes danken wir:

Werner Ahlswede, Capellenhagen | Willy Cockhuyt, Maldegem, Belgien | Dr. Heiner Fricke, Eschershausen
Rolf Gottfried, Lehre | Kerstin Mehler, Bevern | Falko Niederstadt, Odenthal | Sebastian Plies, Stadtoldendorf
Martin Simons, Melbourne, Australien | Heidi Tacke, Holzminden | Willi Wangenheim, Lüerdissen
Henry Wolter, Grünenplan | Ulrike Wutzke, Alfeld-Hörsum

Bibliografische Information der Deutschen Nationalbibliothek
Die Deutsche Nationalbibliothek verzeichnet diese Publikation in
der Deutschen Nationalbibliografie; detaillierte bibliografische Daten
sind im Internet über http://dnb.ddb.de abrufbar.

ISBN 978-3-95954-011-7

Herausgeber
Landkreis Holzminden

Redaktion
Dr. Christian Leiber, Markus und Heinz-Dieter Rheinländer

Die historischen Recherchen zu den Ausführungen in den ersten Kapiteln bis 1945
wurden von Prof. a. D. Dr.-Ing. Dietrich Hummel durchgeführt.
Sie sind in dem Buch von Dietrich Hummel, »Luftsport in der Region Braunschweig – von den Anfängen bis 1945«,
erschienen 2014 im Appelhans Verlag Braunschweig, in den Abschnitten 1.3.12.2 und 1.3.12.3 (S. 143 – 150)
sowie 2.3.15.3 (S. 313 – 331) niedergelegt.
Bei der hier folgenden textlichen Darstellung werden die historischen Gegebenheiten weitgehend
aus dem genannten Buch mit Zustimmung seines Verfassers benutzt.

Layout und Gestaltung
Verlag Jörg Mitzkat, Berit Nolte

Druck
Gutenberg Beuys

Verlag Jörg Mitzkat
Holzminden 2016
www.mitzkat.de

Vorwort

AUF DEM ITH, im niedersächsischen Landkreis Holzminden, liegt einer der bedeutendsten Segelflugplätze Deutschlands.

Mit einer Hanglänge von 20 km und einer einmalig günstigen Windsituation (SW und NO-Winde) stellt der Ith in Fachkreisen fliegerisch gesehen eine absolute Ausnahmesituation dar – eine Besonderheit, die Jahr für Jahr aus ganz Deutschland Flugvereinigungen anzieht.

Das große öffentliche Interesse, das die Segelfliegerei auf den Ithwiesen genießt, gab den Anlass, die einzigartige Geschichte dieses Platzes von den ersten Flugversuchen vor ca. 90 Jahren bis zur Gegenwart einmal aufzuarbeiten.

Die Luftsportvereinigung Ithwiesen e. V. und der Landkreis Holzminden haben die Initiative ergriffen und gemeinsam eine Ausstellung erarbeitet, die in der Zeit vom 22. Mai bis 18. September 2016 im Weserrenaissance Schloss Bevern präsentiert wird. Zur Präsentation »Im Aufwind des Ith. Luftsport auf den Ithwiesen seit 1930« erscheint dieser kommentierte Bildband. Außerdem ist in Verknüpfung mit der Ausstellung eine Reihe von besonderen Flugveranstaltungen auf den Ithwiesen vorgesehen.

Der Landkreis Holzminden dankt allen, die an der Vorbereitung der Ausstellung, des Bildbandes und den Sonderveranstaltungen mitgewirkt haben oder noch mitwirken werden.

Holzminden, im Mai 2016

Angela Schürzeberg, Landrätin

Inhalt

Einleitung

ZIEL DER HERAUSGABE dieses Buches soll sein, die nunmehr fast 90-jährige facettenreiche und nicht alltägliche Geschichte des Segelfliegens auf einem der bekanntesten deutschen Segelflugplätze, dem niedersächsischen Höhenzug Ith, in Wort und vor allem in Bildern festzuhalten.

Wir, die Bearbeiter dieses kommentierten Bildbandes konnten dabei auf einen umfangreichen Bestand an Fotos und Schriftdokumenten zurückgreifen, die über Jahrzehnte hinweg in den Vereinen oder von einzelnen Mitgliedern der Fluggemeinschaft Ith aufbewahrt worden sind. Selbst von der Royal Air Force, die nach dem Zweitem Weltkrieg am Ith stationiert war, und von den Belgiern, die während des Krieges als vermittelte Arbeitskräfte eine Aufzugsbahn für die Flugzeuge am Westhang des Ith bauten, wurden Fotos zur Verfügung gestellt. Weiteres wichtiges Quellenmaterial steuerte das Landschulheim am Solling, Dr. Wolfgang Mitgau, das Stadtarchiv Holzminden, Dr. Matthias Seeliger und das Kreisarchiv des Landkreises Holzminden, Hermann Ahrens, bei. Ihnen allen gilt unser Dank für die gewährte Unterstützung. Unser besonderer Dank gilt Herrn Prof. Dr.–Ing. Dietrich Hummel, Cremlingen, der uns seine Forschungsergebnisse über den Ith für sein Buch »Luftsport in der Region Braunschweig. Von den Anfängen bis 1945« erschienen 2014, uneigennützig zur Verfügung stellte. Auf eine unerwartet große Resonanz stieß der Aufruf in der regionalen Tagespresse, doch einmal die privaten Fotoalben auf Erinnerungsbilder von den Segelfliegerwiesen auf dem Ith zu sichten. Es zeigt einmal mehr, welch hohen Stellenwert das Fluggelände auch bei der einheimischen Bevölkerung besitzt.

Der Bildband verbindet die im Weserrenaissance Schloss Bevern zum Thema präsentierte Ausstellung mit einem besonderen von der Fluggemeinschaft Ithwiesen für dieses Jahr vorbereiteten Veranstaltungsprogramm auf dem Ith. Wir danken den Museen, Vereinen und Privatpersonen für die Überlassung von Leihgaben und das uns damit entgegengebrachte Vertrauen. Unser abschließender herzlicher Dank gilt allen Personen, die an der Vorbereitung des Bildbandes, dem Aufbau der Sonderausstellung und den Vorbereitungen der Veranstaltungen auf den Ithwiesen tatkräftig unterstützt haben.

Im Mai 2016

Dr. Christian Leiber

Heinz-Dieter Rheinländer

Frühstart am Solling

Ab 1927

1927
Der Pädagoge des Landschulheims am Solling (LSH) Fritz Winkel legt während eines Segelflugkurses – wahrscheinlich auf der Wasserkuppe (Rhön) – die A-Prüfung für Segelflieger ab.

Erster Segelflugversuch mit Enzio von Saalfeld auf dem Gelände des LSH am Solling

1931
Bau des Schulgleiters vom Typ »Anfänger« zunächst in der Werkstatt des LSH. Die Fertigstellung erfolgte im HAeC.

1932
Der HAeC lädt Schüler des LSH zu einem Anfänger-Lehrgang auf einem Schulgleiter des Baumusters »Zögling« auf den Ith ein.

Erste Flüge

1930 – 1931

1930 – 1931
Segelflugbetrieb der Luftsportgruppen Eschershausen, Hameln und Hannover

1931
Flug von Heini Weber, Hannover, auf Zögling, 29 Min. und 26 Sek.

Altes Segelfliegerlager

1931 – 1934

1931 – 1933   Errichtung der ersten festen Bauten auf dem Ith durch die Fliegergruppen Hannover und Eschershausen, Wochenendflugbetrieb.

1931   Einweihung der Halle des Hannoverschen Aero-Clubs (HAeC).

1933   Gleichschaltung: Die Luftfahrtvereine wurden Ortsgruppen des Deutschen Luftsport-Verbandes (DLV). Das Segelfliegerlager auf dem Ith ging in den Besitz der Landesgruppe IV Niedersachsen des DLV über.

1935   Die Landesgruppe IV des DLV betreibt das Segelfliegerlager als Segelflug-Hauptübungsstelle und baut diese zu einer Segelflugschule aus. Holzeinschlag für den Bau der Startschneise nach Westen durch den Braunschweigischen Staat. Errichtung von zwei neuen Hallen aus Holz für die Unterbringung der Flugzeuge, der Werkstatt und zur Nutzung als Mannschaftsunterkunft.

1934   1. Ith-Segelflug-Wettbewerb der Fliegerortsgruppen der Landesgruppe IV (Niedersachsen) des DLV mit Wertung der Leistungen mehrerer Monate.

Ende des alten Segelfliegerlagers mit der Einweihung der Segelflugschule.

Alte Segelflugschule

1934 – 1937

1934
Einweihung der Segelflugschule.
Erster Leiter: Johannes Meyer
Fluglehrer: Artur Haardt, Helmut Reukauf,
Sepp Niederstadt und Adolf Niemeyer
Werkstatt: Otto Mühlhahn

1934
Umbau der Alten Segelflugschule auf dem Ith zur Reichssegelflugklubschule.
Abriss der Holzbauten Eschershäuser Halle, Halle (I) des HAeC und Halle II
sowie Umbau der Halle III der alten Segelflugschule.
Errichtung der ersten Steinbauten für die Reichssegelflugklubschule
(Verwaltungsgebäude und große Flugzeughalle, Aufstockung der Halle III).

1935
Tödlicher Absturz des Fluglehrers Artur Haardt bei der Kunstflug-Erprobung
des neuen Segelflugzeugmusters »Rhönsperber«.

1937
Richtfest für den ersten Bauabschnitt der Reichssegelflugklubschule nach
einer Bauzeit von über sechs Monaten. Schließung der alten Segelflugschule.

Neues Segelfliegerlager

1934 – 1945

1934
Die Ortsgruppe Hannover des DLV hatte 1934 auf der Südseite der
Startschneise eine Halle für ihren Flugbetrieb gebaut. Bei der Eröffnung
der Segelflugschule stand diese Halle bereits. Die Halle erhielt später
den Namen Artur Haardt-Halle.

1936 – 1938
In der Umgebung der Artur Haardt-Halle entstanden am Waldrand ein
großes Unterkunftsgebäude für Mannschaften (Leinhäuser Haus),
die Leinhäuser Halle (Umsetzung und Umbau der Halle II der alten Segelflugschule) für die Unterstellung der Segelflugzeuge sowie ein Anbau für das
Personal. Leiter des neuen Segelfliegerlagers war bis zu dessen tödlichem
Absturz im Sommer 1942 der frühere Fluglehrer Fritz Lobach aus Helmstedt.

1935 – 1939   Die Fliegerstürme (Ortsgruppen) der Landesgruppe IV (Niedersachsen),
ab 1935 der Landesgruppe 9 (Weser – Elbe) des DLV und des NSFK, trafen
sich alljährlich zu einem Ith-Segelflug-Wettbewerb, bei dem die Vertreter
der Landesgruppe beim Rhön-Segelflug-Wettbewerb auf der Wasserkuppe
ermittelt wurden. Insgesamt fanden fünf dieser Wettbewerbe statt.

Der letzte Rhön-Wettbewerb wurde 1939 auf der Wasserkuppe durchgeführt.
Während des Zweiten Weltkrieges fand der Wochenendbetrieb der regiona-
len NSFK-Gruppen im neuen Segelfliegerlager statt.
Daran waren NSFK-Stürme (Ortsgruppen) mit eigenen Fluglehrern
und Schulflugzeugen beteiligt aus Alfeld, Bad Münder, Einbeck, Hannover,
Hildesheim, Holzminden und Northeim.

Hauptsächlich führten Angehörige der Flieger-HJ die vormilitärische
Ausbildung durch. Das Segelfliegerlager spielte für die Schulung
zur C-Prüfung und zum Luftfahrerschein (amtliche C) eine wichtige Rolle.
Der Leistungssegelflug konzentrierte sich auf die Bedingungen des Silbernen
Leistungsabzeichens (5-Stunden-Flug, 1000 m Höhengewinn und
50 km Streckenflug) bzw. ab 1942 des Großen Segelfliegerabzeichens
(5-Stunden-Flug und dreimaliger Höhengewinn von 1000 m in einem Flug).
Der Überlandflug trat demgegenüber kriegsbedingt stark zurück.

Reichssegelflugklubschule

1938 – 1945

1938   Einweihung des ersten Bauabschnitts der Reichssegelflugklubschule
(Verwaltungsgebäude, große Flugzeughalle mit Werkstatt, umgebaute kleine
Halle mit Unterkünften, Hallenvorplatz).

1939 – 1941   Ausführung des zweiten Bauabschnitts:
Unterkunftshaus 38 m × 9 m für 125 Lehrgangsteilnehmer,
Wasserturm, Kraftwagenhalle, Ummauerung, Aufzug für die Rückholung
der Segelflugzeuge aus dem Tal.

1942   Innenausbau, Einzelhäuser für Fluglehrer, Straße zum Fluggelände,
Schwimmbad (Feuerlöschteich), Vergrößerung des Fluggeländes
am Westhangfuß.

Feierliche Eröffnung der Reichssegelflugklubschule, zweiter Bauabschnitt.
Während des Krieges Rückgang des Leistungssegelfluges,
daher auch überwiegend vormilitärische Ausbildung wie in den
übrigen Reichssegelflugschulen.

1945   Ausbildung bis zum Einmarsch der Alliierten im April 1945

Frühstart am Solling

Ab 1927

IM JAHR 1909 siedelte sich am Westrand des Sollings das Landschulheim am Solling (LSH) an. Das Internat folgte in seiner pädagogischen Ausrichtung dem Schulreformer Hermann Lietz. Die Form des Lernens sollte sich nicht nur auf den Unterricht beschränken sondern auch der Erziehung dienen. Neben dem normalen Schulbetrieb bis zum Abitur gab es ein abwechslungsreiches Betätigungsangebot im wissenschaftlichen, musischen, handwerklichen und sportlichen Bereich. Mit dem Jahr 1927 gehörte auch das Segelfliegen dazu.

Bereits 1926 bestanden Kontakte des LSH zu der befreundeten Lietz-Schule Schloss Bieberstein, die damals auf der nahen Wasserkuppe in der Rhön Segelflug betrieben hatte. Der LSH-Lehrer Fritz Winkel absolvierte dort im Sommer 1927 die A-Prüfung für Segelflieger auf einem Schulgleiter des Baumusters »Pegasus«.

Zurück im heimatlichen Holzminden sollten nun erste Gleitflüge auf dem Gelände des LSH durchgeführt werden.

Hierfür stand schon 1927 ein Schulgleiter eines Baumuster mit schräger Strebe vor dem Piloten, »Schädelspalter« genannt, zur Verfügung. Ein Foto vom Erstflug trägt rückseitig die Aufschrift »1. Segelflugversuch – 1927 mit Enzio v. Saalfeld«.

Bis auf Kontakte zur Lietz-Schule Bieberstein fehlten der Segelfliegerei am LSH für ihre weitere Entwicklung fachliche Verbindungen über das Weserbergland hinaus. Das Interesse der Schüler erlahmte dadurch rasch und schließlich wurde der Schulgleiter im Keller der Schule eingelagert.

Nachdem 1930 ein Neuversuch gescheitert war, nahm das LSH Kontakt mit dem Deutschen Luftfahrt-Verband (DLV) auf. Der »Anfänger«, ein neuer Schulgleiter sollte mit den Schülern in der Werkstatt des LSH gebaut werden. Es fehlte aber an Fachkräften und so wurde 1932 die Entscheidung getroffen, die fertigen Teile dem Hannoverschen Aero-Club (HAeC) zu übergeben, um das Flugzeug in Hannover fertigstellen zu lassen. Bald darauf wurde das LSH vom HAeC zu einem ersten Lehrgang auf Schulgleitern des Baumusters »Zögling« auf den Ith eingeladen. Die Flugschüler des LSH absolvierten dabei fünf A- und drei B-Prüfungen. Zu den letzteren gehörte auch der Lehrer des LSH Fritz Winkel.

Nach Gleichschaltung des LSH in der NS-Zeit wurde dem Lehrer Winkel die Leitungsfunktion in Sachen Segelfliegerei am LSH aberkannt. Seine Leidenschaft für das Fliegen ließ er sich aber nicht nehmen. So legte er als Privatperson am 3. April 1939 zunächst die C-Prüfung auf dem Ith ab und erwarb noch im Sommer des Jahres den Luftfahrtschein C 1. 1941 wurde er zur Luftwaffe eingezogen und wirkte dort als Fluglehrer.

1927 1. Segelflugversuch mit Enzio von Saalfeld auf
dem Gelände des Landschulheims am Solling.
Enzio von Saalfeld, Sohn des Herzogs Ernst von Sach-
sen-Meiningen und Katharina Jensen, Freifrau von
Saalfeld war Schüler der Lietz-Schule auf Schloss Bieberstein und dort auch Segelflieger.
Im Krieg diente er als Pilot bei der Luftwaffe und starb
1941 über dem Ärmelkanal den Fliegertod.

»NICHT BERÜHRE(N)«: Schüler des LSH bereiten das Segelflugzeug für den Start vor.

1927/28 Schüler des Landschulheims besichtigen
das Flugzeug Typ »Anfänger« und einen Doppeldecker.

Bau des Schulgleiters »Anfänger« in der Werkstatt des LSH, 1931

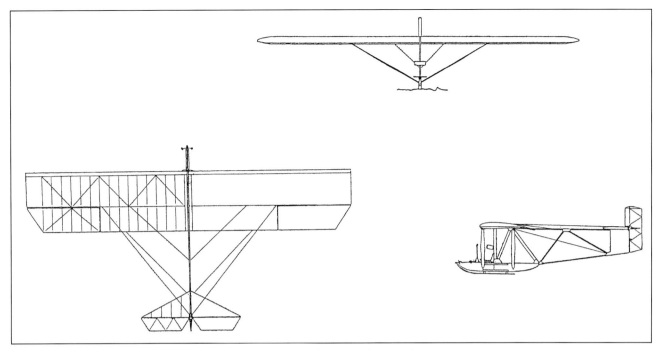

● Bauplan vom Typ »Anfänger«, Segelflugzeugbau »Rhön« Poppenhausen an der Weserkuppe

1932 Auf Einladung des HAeC nehmen Flugschüler des LSH
im September an einem Lehrgang auf dem Ith teil. Zum Einsatz kommen
Schulgleiter des Typs »Zögling«.

Erste Flüge

1930 – 1931

IN CAPPELLENHAGEN bauten wahrscheinlich schon 1929 die Landwirte Hugo Schütte und Willi Hennecke in dessen Scheune ein Segelflugzeug. Dabei handelte es sich um einen einfachen Schulgleiter, bei dem eine Strebe des Spannturms vor dem Piloten angeordnet war (Schädelspalter). Die Urform konstruierte Gottlob Espenlaub (1900 – 1972) auf der Wasserkuppe.

Das in Cappellenhagen fertiggestellte Flugzeug wurde offensichtlich nicht richtig montiert: Der Tragflügel hatte eine deutliche V-Stellung und mit nach außen wachsendem Einstellwinkel war seine Verwindung falsch und für den Langsamflug sehr gefährlich. Die Erbauer des Schulgleiters begannen wohl im Sommer 1930 in aller Stille mit ersten Flugversuchen auf dem Ith. Dabei wurden sie jedoch von der Ithstraße aus beobachtet und so gelangte die Kunde vom Fliegen auf dem Ith nach Hameln und Hannover.

Daraufhin kamen zuerst Segelflieger aus Hameln auf den Ith. Sie unternahmen am 31. August 1930 Flugversuche. In der Nähe des Ausflugslokals »Zu den Ithklippen« wurden zwei Flugzeuge aufgerüstet. Der Start erfolgte mit dem Gummiseil nach Osten in Richtung Cappellenhagen. Den ersten Flug vollführte das von den Herren Schütte und Hennecke in Cappellenhagen erbaute Gleitflugzeug, wohl gesteuert von dem Hamelner Flugleiter

Schweinert. Vielleicht wegen der unsachgemäßen Montage kam es dabei zu einem Bruch, der aber später wieder repariert werden konnte.

Das andere Flugzeug gehörte dem Hamelner Luftfahrtverein von 1928 »Fliegende Falken«. Es war dessen erstes Schulflugzeug vom Typ »Stahlrohr-Zögling« mit dem Taufnahmen »Stadt Hameln«. Mit ihm gelangen dem Fluglehrer Wilke mehrere kurze Flüge.

Am 5. Oktober 1930 flog der Hamelner Luftfahrtverein von 1928 »Fliegende Falken« erneut auf dem Ith. Wegen Regens und starkem Westwind gelangen am Osthang jedoch nur zwei Flüge, die aber bruchfrei verliefen.

Ein wichtiges Flugereignis fand am 26. März 1931 auf dem Ith statt: Der Hannoversche Aero-Club (HAeC) und die Polizeiwache Hannover flogen bei Regen und starkem Westwind auf dem Ith. Fluglehrer Heini Weber vom HAeC segelte mit dem verkleideten »Pelikan« vom Typ »Zögling« 29 Minuten und 26 Sekunden. Seine Flughöhe betrug durchschnittlich 450 m. Polizeimeister Scholz flog auf einem Prüfling 25 Minuten. Seine Flughöhe war 300 m. Damit war die Eignung des Ith für den Segelflug bewiesen, so dass das Braunschweigische Staatsministerium die Anerkennung des Ith als Segelfluggelände aussprach.

● Fertigstellung des »Schädelspalters« (ca. im April 1930). Man sieht deutlich die verspannten Tragflächen.

1929/30 In Cappellenhagen bauten die jungen Landwirte Willi Hennecke und Hugo Schütte in der Scheune des Landwirts Hennecke ein Segelflugzeug.

Dabei handelte es sich um einen einfachen Schulgleiter, der von Gottlob Espenlaub (Espe) auf der Wasserkuppe konstruiert worden war. Diesen Entwurf nahm Espenlaub 1924 nach Grunau/Riesengebirge mit, wo er als Typ »E VI« oder »ES« gebaut und verkauft wurde. Er gilt als der Vorläufer des 1928 entstandenen Schulgleiters »Grunau 9«, Typ »Schädelspalter«, denn auch er hatte eine Strebe des Spannturms vor dem Piloten.

1930 Die Erbauer begannen auf dem Ith in aller Stille mit ersten Versuchsflügen. Dabei wurden sie jedoch von der Ithstraße aus beobachtet und die Nachricht von der Fliegerei auf dem Ith gelangte so rasch nach Hameln und Hannover.

Der erste Start des Cappellenhagener »Schädelspalters« mit dem Hamelner Fluglehrer Schweinert am 31.08.1930

31.08.1930 Hamelner Segelflieger kamen nun auch zu Flugversuchen auf den Ith. Sie flogen gemeinsam mit den Fliegern aus Cappellenhagen. Das von Hugo Schütte und Willi Hennecke in Cappellenhagen erbaute Flugzeug ging beim ersten Flug zu Bruch. Es sollte aber später wieder repariert werden.

Das andere Flugzeug, »Stadt Hameln« vom Typ »Stahlrohr-Zögling«, war wahrscheinlich das erste Segelflugzeug des Hamelner Luftfahrtvereins von 1928, »Fliegende Falken«.

Es zeigte mehrere kurze Flüge. In Höhe des Ausflugslokals »Zu den Ithklippen« waren beide Flugzeuge aufgerüstet worden und man flog nach Gummiseilstart am Osthang in Richtung Cappellenhagen.

Die ersten Flugversuche des Hamelner Luftfahrtverein von 1928 »Fliegende Falken« mit »Stadt Hameln« vom Typ »Stahlrohr-Zögling« auf dem Ith.

W. Hennecke, Fluglehrer Schweinert, H. Schütte (von links) vor dem »Schädelspalter«

05.10.1930 Der Hamelner Luftfahrtverein von 1928 »Fliegende Falken« flog erneut auf dem Ith. Wegen Regens und starkem Westwind gelangen nach Osten nur zwei Flüge – beide bruchfrei.

● Hamelner Fluglehrer Schweinert

Erster Flugbetrieb auf dem Ith

1934 wurde durch den Bau ihres Schulgleiters in Cappellenhagen und ihre ersten Flugversuche auf dem Ith Hugo Schütte und Willi Hennecke bekannt und anerkannt. In Würdigung ihrer Verdienste verlieh der Oberpräsident am 29. Juni 1938 dem Ort Cappellenhagen ein Wappen, das der Landrat am 29. August 1938 offiziell überreichte. Es zeigt auf blauem Schild ein schräg nach links niedergehendes silbernes Segelflugzeug. Zur Begründung heißt es u.a.: »[...] Damit legten die beiden jungen Männer den Grund zu der so bedeutenden Segelfliegerei auf den Wiesen des Ith. Diese hervorragende Leistung soll im vorliegenden Wappen dokumentiert werden.«

Altes Segelfliegerlager

1931 – 1934

BEI DER GLEICHSCHALTUNG im Jahre 1933 wurden die bisherigen Luftfahrtvereine aufgelöst. Ihre Vermögen, sechs Segelflugzeuge, ein Schulgleiter, ein Freiballon und die Flugzeughalle auf dem Ith, gingen in den Besitz der Landesgruppe IV (Niedersachsen) des neuen Deutschen Luftsport-Verbandes (DLV) über. Das Fluggerät wurde den Ortsgruppen des DLV zur weiteren Benutzung überlassen. Die Baulichkeiten und damit das Segelfliegerlager wurden von der Landesgruppe IV übernommen, konnten aber auch weiterhin benutzt werden.

Die Landesgruppe IV verfolgte auf dem Ith zunächst das Ziel, das bisherige Segelfliegerlager als Segelflughauptübungsstelle weiter zu betreiben. Teilnehmer am Flugbetrieb waren außer der Zentrale der Landesgruppe in Hannover selbst insbesondere die Ortsgruppen Hannover und Eschershausen des DLV. Es bestand der Plan, das Segelfliegerlager auszubauen und in eine Segelflugschule zu überführen.

In diese Richtung zielen mehrere an die Braunschweigische Staatsregierung im Juli 1933 gestellte Nutzungs- und Bauanträge der Landesgruppe IV. Darauf fand im August 1933 eine Begehung des Ith-Geländes durch die Leitungen der Braunschweigischen Forstverwaltung und der DLV-Landesgruppe IV in Hannover unter der Führung des Braunschweigischen Finanzministers Friedrich Alpers (1901 – 1944) statt, die zu Verbesserungen des Segelfliegergeländes führten.

Über eine Mitgliederversammlung der Fliegerortsgruppe Eschershausen wurde im August 1933 mitgeteilt, dass der Eigenbau einer Flugzeughalle auf dem Ith für die Unterbringung des Zöglings »Wespe« beschlossen worden

sei. Außerdem wurde der Bau eines zweiten leistungsfähigeren Segelflugzeuges für den Herbst 1933 angekündigt.

Die Betreuung der Eschershäuser Jungflieger erfolgte durch die Fluglehrer aus Hannover. Die Landesgruppe IV in Hannover sowie die Fliegerortsgruppe Hannover wurden 1933 mit den ersten Übungssegelflugzeugen des Typs »Grunau Baby II« (»Ith 1« und »Onkel Heini«) ausgestattet.

Im Winterhalbjahr 1933/34 baute die Ortsgruppe Eschershausen des DLV ihr zweites Segelflugzeug vom Typ »Hols der Teufel«. Dieses Baumuster besaß eine Bootsverkleidung des Pilotensitzes zur Verbesserung der Flugleistungen. Das Flugzeug wurde Anfang April 1934 auf den Namen »Möve« getauft. Mit Eröffnung der Flugsaison an Ostern 1934 war gleich eine Serie von bemerkenswerten Flugleistungen verbunden.

Auf Grund der fliegerischen Erfolge wurde das von der Zentrale der Landesgruppe IV und den Ortsgruppen Hannover und Eschershausen des DLV benutzte Segelfliegerlager auf dem Ith am 21. April 1934 als Segelflughauptübungsstelle der Landesgruppe IV (Niedersachsen) offiziell eröffnet.

Der Ausbau der Segelflughauptübungsstelle zur Segelflugschule vollzog sich dann mit der Errichtung neuer Bauten sehr schnell, so dass diese am 23. Juli 1934 vom Präsidenten des DLV die Anerkennung erhielt. Angesichts der bevorstehenden Schließung des Alten Segelfliegerlagers durch die Eröffnung der Segelflugschule wurde bereits mit dem Aufbau eines Neuen Segelfliegerlagers am Südrand der Startschneise begonnen. Die neue Halle der Ortsgruppe Hannover des DLV war ab dem Sommer 1934 im Bau.

Einweihung der neuen Segelflugzeughalle des HAeC auf dem Ith

Täufling »Bussard«

1931 Der HAeC hat auf dem Ith eine Segelflughalle gebaut. Der Baugrund dazu wurde vom Besitzer des Ausflugsrestaurants »Zu den Ithklippen«, Hermann Becker, zur Verfügung gestellt.

23.08.1931 HAeC: Einweihung der neuen Segelflugzeughalle auf dem Ith, Taufe von drei neuen Segelflugzeugen und Segelflugvorführungen.
Die Täuflinge waren:
HAeC: Selbstgebauter Doppelsitzer vom Typ »Poppenhausen«, Taufname »Niedersachsen«, Taufflug einsitzig durch Fluglehrer Heini Weber
Polizeiflugwache Hannover: »Bussard«, Typ »Zögling« und (wahrscheinlich) »Präsident«, Typ »Prüfling«, letzterer landete beim Taufflug in einem Dornbusch.

Fluglehrer H. Weber (3. von links), 1931

Ab 1931 Bau eines »Stamer-Lippisch Stahlrohr-Zöglings« durch eine zunächst private Gruppe in Eschershausen. Die Werkstatt war in der Ziegelei am Anger, heute Firma Survitec DSB.

● Zöglings-Herstellung: K. Schoppmeier, W. Fricke und H. Fricke

25.02.1932 Antrag des HAeC beim Braunschweigischen Forstamt Scharfoldendorf auf Planierung der Startstelle für Abflüge nach Westen, Schaffung einer Durchflugschneise von 120 m Breite im Wald nach Westen und an deren Rand einer 30 m breiten Bahn für den Rücktransport von im Tal gelandeten Flugzeugen zur Startstelle mit Hilfe einer Motorwinde.

Fertigstellung der »Wespe« für den Start am Westhang.

12.07.1932 Gründung einer Segelfluggruppe Eschershausen e. V. im Bahnhofshotel in Eschershausen. 20 Anwesende traten geschlossen dem Verein bei.

Segelflugzeug »Wespe« nach Fertigstellung durch die Eschershäuser Segelfluggruppe

»Wespe« im Flug

04.09.1932 Auf dem Ith findet ein Luftfahrtlehrgang der Städt. Gewerblichen Berufsschulen Hannover statt. Flug von Fluglehrer Heini Weber mit dem Doppelsitzer »Niedersachsen« vom Typ »Poppenhausen«, Flughöhe 500 m, Flugstrecke bis nach Coppenbrügge, Landung nach 2 Std. und 10 Min. auf dem Ith. Ith-Rekord für Doppelsitzer bis 1937 (NSFK 1937). Gewerbeoberlehrer Borchers auf »Gewerbeschulrat«, Flughöhe 500 m, Landung im Tal bei Hunzen.

● Doppelsitzer »Poppenhausen« mit H. Weber und E. Homburg

18.09.1932 Ausstellung des Rohbaus des ersten Flugzeuges der Segelfluggruppe Eschershausen im Saal des Bahnhofshotels.

25.09.1932 Flugtag auf den Ithwiesen. Versuch eines 5-Stunden-Fluges auf dem Ith durch Scholz vom Polizeisportverein Hannover auf »Präsident«, jedoch Landung nach 4½ Stunden. »Gewerbeschulrat« fliegt auch mehrere Stunden, aber Landung wegen Kälte.

07.10.1932 Taufe des von der Segelfliegergruppe Eschershausen erbauten Segelflugzeugs im Saal des Bahnhofshotels. Dabei Mitteilung: Ein vorhergehender Versuch zum Bau eines Motorflugzeugs wurde aufgegeben. Taufe des Flugzeugs durch Fabrikant H. Becker, Taufname »Wespe« (Weser-Sperrholz).

09.10.1932 Der Stahlrohr-Zögling »Wespe« wird von Heini Weber eingeflogen. Erst bei Eintritt der Dunkelheit wird die »Wespe« nach 50 Flugversuchen abmontiert und in der Halle des HAeC untergebracht.

30.01.1933 Heinrich Fricke fliegt auf »Wespe« die A-Prüfung.

● H. Fricke vor Zögling »Wespe«

08.07.1933 Die Landesgruppe IV des DLV verfolgte das Ziel, auf dem Ith zunächst eine Segelflughauptübungsstelle zu betreiben, diese dann aber zu einer Segelflugschule auszubauen. Dazu beantragte sie beim Braunschweigischen Ministerpräsidenten Klagges die ganzjährige Nutzung der Ithwiesen, einen Baukostenzuschuss für eine weitere Flugzeughalle (30 m x 12 m) mit Unterkünften und die Anlage der Flugschneise am Westhang.

● stehend: C. Runge, H. Schoppmeier, W. Fricke, W. Dörries (von links) | sitzend: K. Moscher, H. Fricke, unbek., K. Schoppmeier (von links)

05.08.1933 Die Segelfliegergruppe Eschershausen hofft, im Zuge der Gleichschaltung eine eigenständige Ortsgruppe des DLV zu bleiben. Der Bau einer eigenen Halle für die »Wespe« auf dem Ith, 6 m × 11 m, durch die Aktiven wird beschlossen. Eine leistungsfähige Flugmaschine soll ab Herbst 1933 gebaut werden.

13.08.1933 Bruno Boy fliegt auf »Wespe« die A-Prüfung. Bisher haben vier Eschershäuser Flugschüler die A-Prüfung abgelegt.

Statt besonderer Einladung.

Zu der am morgigen **Sonntag** nachm. 3½ Uhr auf dem Ith stattfindenden feierlichen

Einweihung unserer Flugzeughalle

laden wir die Bevölkerung Eschershausens und Umgebung herzlich ein. Der geschlossene Abmarsch erfolgt 2¼ Uhr vom Hotel Hake und bitten wir um rege Teilnahme der Einwohnerschaft.

Abends 8 Uhr

Flieger-Ball

im Saale des Bahnhofshotels.

Eintritt 50 Pfg. la Kapelle!

Flieger-Ortsgruppe e. V., Eschershausen.

Landesgruppe Niedersachsen.

20.08.1933 D. Büttner, Stadtoldendorf und Rudolf Heinemeier, Eschershausen flogen auf »Wespe« die A-Prüfung.

24.09.1933 Einweihung der Eschershäuser Segelflughalle auf dem Ith. Ansprachen von Schütte (Ortsgruppenführer), Regierungsrat Flotho (Holzminden), Grote (Turnverein Jahn) und Stadtrat Förstmann (Eschershausen). Über dem Ithkamm flog als Gast Heini Dittmar auf »Condor«. Abends Fliegerball.

Richtfest der Eschershäusener Halle

1933 – 1934 Die Fliegergruppe Eschershausen baute in den Wintermonaten ein zweites Segelflugzeug vom Typ »Hols der Teufel«. Dieses Baumuster besaß eine Bootsverkleidung des Pilotensitzes.

11.03.1934 Ausstellung und Besichtigung des Rohbaus des neuen Segelflugzeuges im Saal des Hotels Sander. Rohbauabnahme durch Fluglehrer Scholle, Hannover.

19.04.1934 Borchers blieb auf dem Ith von 8:01 bis 14:13 Uhr in der Luft und flog somit 6 Std. und 12 Min. Neue Dauerflugleistung für den Ith.

21.04.1934 Eröffnung der Segelflughauptübungs-stelle der Flieger-Landesgruppe IV Niedersachsen auf dem Ith. Hier findet der Flugbetrieb der Fliegerorts-gruppen aus der Umgebung (bis nach Hannover) statt.

● Gaststätte »Zu den Ithklippen«

28.03.1934 Zur Eröffnung der Segelflugsaison am Ostersonntag (01.04.1934) wurde das erste Segel-flugzeug per Flugzeugschlepp von Hannover überführt. Fluglehrer Borchers saß im Segelflugzeug und landete nach dem Ausklinken auf dem Ith.

17.04.1934 Segelflugreferent bei der Landesgruppe IV Borchers fliegt auf dem Ith vor einer Gewitterfront und erreicht bei einem Flug von 1 ¾ Std. eine Startüberhöhung von 900 m (also 1300 m ü. M.). Höchstleistung auf dem Ith.

24.04.1934 Fluglehrer Heini Weber erreicht auf Grunau Baby II »Ith 1« eine Flugdauer von 6 Std. und 45 Min., Landung bei Lüerdissen. Neuer Ith-Dauer-flug-Rekord. Der Flug fand im Rahmen des Luftfahrtlehr-gangs des DLV für die Städtischen Berufsschulen Hannover statt. Dabei wurde eine Bedingung für das Silberne Leistungsabzei-chen erreicht. Der Flug-schüler Heini Fricke hat als erster die C-Prüfung abgelegt. Seine Flugdauer auf Falke »Ith 3« betrug 7 Min. Dabei flog er zweimal entlang des Ithkamms bis Dielmissen.

● Segelflugzeug Typ »Hols der Teufel«, 1934

27.05.1934 Heini Fricke flog mit dem Segelflugzeug Typ »Hols der Teufel«, getauft auf den Namen »Möve«, auf dem Ith 1 Std. und 10 Min. Der B-Flieger Hermann Schoppmeier legt die C-Prüfung ab. Fritz Lindemann fliegt auf Grunau Baby »Ith 1« 7 Std. und 40 Min., Artur Haardt auf Grunau Baby »Ith 2« 9 Std. und 15 Min. Haardt flog bei seinem Rekordflug auch Loopings. Insgesamt wurden 8 C-Prüfungen erflogen.

Mitglieder der Ortsgruppe Eschershausen, 1934

oben: Eschershäuser Halle

19.06.1934 Artur Haardt erreichte auf dem Grunau Baby »Ith 2« eine Höhe über Start von 1020 m. Nach 2 Std. und 6 Min. Landung bei Weenzen. Neuer Ith-Höhenrekord.

01.07.1934 Beginn des 1. Ith-Segelflug-Wettbewerbs mit Wertung der Leistungen mehrerer Monate.

Fluglehrer Becker, Haardt und Schalke

Alte Segelflugschule

1934 – 1937

DIE »ALTE SEGELFLUGSCHULE« wurde im Rahmen einer Großveranstaltung am 16. September 1934 eingeweiht. Alle Segelfliegerstürme (Ortsgruppen) aus dem Bereich der Landesgruppe IV (Niedersachsen) waren auf den Ith beordert worden.

Bei der Veranstaltung wurden auch fünf Segelflugzeuge getauft, hauptsächlich Übungssegelflugzeuge vom Typ »Rhönbussard« und eine Hochleistungsmaschine vom Typ »Condor I«.

Das Personal der Segelflugschule war bei der Landesgruppe IV angestellt. Erster Leiter der Schule war der Segelflughauptführer Johannes Meyer, Fluglehrer waren Artur Haardt, Sepp Niederstadt, Adolf Niemeyer – später kam Helmut Reukauf hinzu.

Neben der Ausbildung von Jugendlichen betätigten sich die Fluglehrer auch im Leistungssegelflug. Gemeinsam mit Vertretern der Zentrale in Hannover nahmen die Bestplatzierten bei den Ith-Wettbewerben regelmäßig als Vertreter der Landesgruppe am Rhön-Wettbewerb auf der Wasserkuppe teil.

Am 19. Juli 1935 ereignete sich auf dem Ith ein schwerer Unfall: Fluglehrer Artur Haardt stürzte bei der Kunstflugerprobung des neuen Segelflugzeugtyps »Rhönsperber« tödlich ab.

Nach der Fertigstellung des neuen Braunschweiger Flughafens wurde im April 1935 der Aufgabenbereich der Flughafengesellschaft Braunschweig-Waggum mbH erweitert: Sie baute auf dem Heeseberg bei Jerxheim eine Segelflugübungsstelle und auf den Schäferstuhl in Gitter eine Reichssegelflugschule. Die bisherigen Aufgaben der Alten Segelflugschule auf dem Ith fielen dann ab 1937 mit Teilen des Personals der neuen Segelflugschule in der Region Braunschweig zu.

Auf dem Ith plante die Flughafengesellschaft Braunschweig-Waggum mbH ab 1936 den Umbau der Alten Segelflugschule zu einer Reichssegelflugklubschule. Diese Einrichtungen standen allen Bürgern, auch Ausländern, offen, sofern sie Selbstzahler waren und keine staatlichen Mittel in Anspruch nahmen.

Die Planungen für die Umbauten auf dem Ith wurden im Lauf des Jahres 1936 durchgeführt. Im Sommer 1937 wurden die Holzbauten der Eschershäuser Halle von 1933, der HAeC-Halle (I) von 1931 und der neuen Halle (II) des DLV von 1934 abgerissen und durch Neubauten ersetzt. Lediglich die zuletzt 1935 fertiggestellte Holzhalle (III) des DLV blieb erhalten. Sie wurde umgebaut und aufgestockt. Das Richtfest für die ersten Neubauten der Reichssegelflugklubschule am 27. Oktober 1937 markiert definitiv das Ende der Alten Segelflugschule auf dem Ith.

Bau der Segelflugschule

● Einweihung der Segelflugschule

23.07.1934 Die Segelflughauptübungsstelle auf dem Ith ist zu einer Segelflugschule ausgebaut worden. Sie wurde vom Präsidenten des DLV anerkannt

11.08.1934 Fluglehrer Artur Haardt flog einen neuen Ith-Rekord im Dauersegelflug mit 11 Std. und 35 Min.

16.09.1934 Einweihung der Segelfliegerschule Ith, gleichzeitig Aufmarsch der Segelfliegerstürme (-Ortsgruppen) aus dem ganzen Bereich der Landesgruppe. Dabei Taufe von 5 Segelflugzeugen der Ortsgruppe Hannover:

»Viktor Lutze«   (Rhönbussard)
»Landeshauptmann« (Rhönbussard)
»Käpt'n«   (Condor I)
»Pfefferle«   (Rhönbussard)
»Georg Schimmler« (wohl Falke)

Fluglehrer Haardt wurde auf 1500 m Höhe geschleppt und zeigte Segelkunstflug. Erster Leiter der Segelflugschule Ith ist Segelflughauptführer Johannes Meyer.

Taufe des Segelflugzeugs »Käpt´n« vom Typ »Condor«

16.09.1934 Mit der Eröffnung der Segelflugschule auf dem Ith haben die Fliegerortsgruppen der Region ihre Segelflughauptübungsstelle verloren. Deshalb wurde auf dem Ith mit dem Aufbau eines von der Segelflugschule Ith getrennten Neuen Segelfliegerlagers Ith begonnen. Die Ortsgruppe Hannover des DLV baute 1934 auf der Südseite der Westschneise eine Halle für ihren Flugbetrieb. Sie war am 16.09.1934 schon fertig. Diese Halle heißt später »Artur Haardt-Halle«. Im Anschluss an die Halle ist der Waldrand für weitere Bauten vorgesehen, befürwortet von Minister Alpers.

Aufmarsch der Segelfliegerstürme

22.10.1934 In der Nähe der alten Halle des HAeC (Halle I), die beidseitig Anbauten erhielt, sind zwei neue Gebäude (Halle II und III mit Werkstatt und Unterkunft) im Bau. Wasserbehälter und Toiletten werden geplant. Dies sind die Bauten der Segelflugschule (Alter Ith).

23.01.1935 Der DLV beantragt die Einrichtung einer Startstelle in der Schneise am Westhang auf halber Höhe für die B-Schulung mit zugehörigem Landebereich auf landwirtschaftlich genutzten Flächen am Hangfuß. Die Ersatzland-Beschaffung für die Landwirte ist extrem schwierig.

Alte Segelflugschule um 1936

Im Hintergrund: Halle I (erbaut 1931, mit Ausbauten)
Im Vordergrund: links Halle II (1934) und rechts Halle III (1935)

Kreis Holzminden

Forstgemarkung
~~Gemeindebezirk~~ Eschershausen

Plan- (Karten-) Blatt (Flur) Nr.

Handzeichnung zur Vermessungsbescheinigung Nr. 20752

1. Die bisherigen Grenzen sind durch gelbe Farbstriche bezeichnet.
2. Die neugebildeten Grenzen und Nummern neuentstandener Pläne (Flurstücke) sind rot eingetragen.
3. Die rot eingetragenen Namen der Erwerber sind vorläufige Angaben.
4. Hf. = Hofraum, ○ u. o = Grenzmarke.

Ungefährer Maßstab 1 : 3000

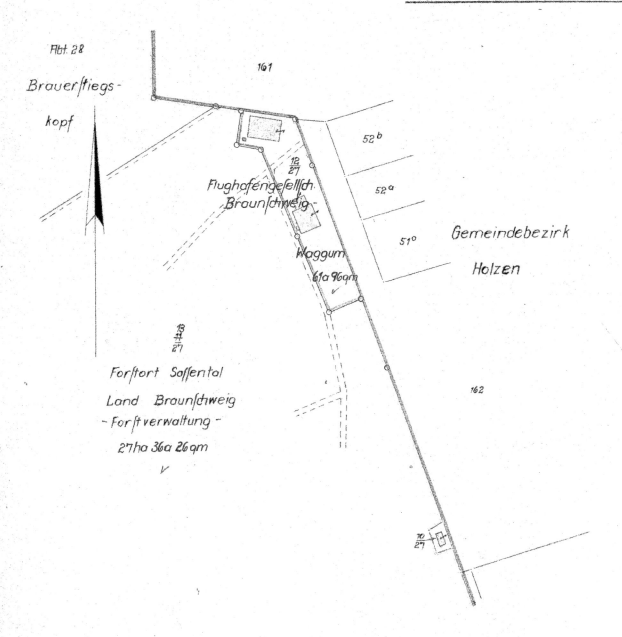

Abt. 28

Brauerstiegs-

kopf

161

52ᵇ

52ᵃ

12/27

Flughafengesellsch. Braunschweig

51°

Gemeindebezirk

Holzen

Waggum

61a 96qm

13/27

162

Forstort Saffental

Land Braunschweig

-Forstverwaltung-

27ha 36a 26qm

70/27

Die Richtigkeit bescheinigt

Holzminden, den 10. Februar 1939

Vermessungsamt

(gez.) Hintze

V. 54.
1000. 2. 38.

Ausgefertigt

Holzminden, den 10. Februar 1939

Vermessungsamt

● Segelflugzeuge für den Flugwettbewerb

● Fliegerortsgruppe Hannover

● Piloten genießen eine Pause am Startplatz.

● Modellflug-Wettbewerb, Ostern 1935

Hannover schnitt am besten ab

Das Ergebnis des Ith-Segelflug-Wettbewerbes

Der zweite Ith-Segelflug-Wettbewerb ist beendet. Während das Wetter an allen Tagen sonnig war, waren die Windverhältnisse mit Ausnahme des Donnerstags mäßig. Man war daher gezwungen, vielfach zum Autowinden-Start oder zum Motorflugzeug-Schlepp-Start überzugehen. Verschiedene Gruppen waren durch ihre besten Piloten vertreten, andere, wie Hamburg, hatten den Nachwuchs geschickt, der hervorragende Leistungen zeigte.

Im Gesamtergebnis erreichte die Rhön-Adler-Maschine der Fliegerortsgruppe Hannover (Führer Haardt-Ith) mit 2126,9 Punkten die höchste Punktzahl. Es folgen: Grunau-Baby-Maschine der Ortsgruppe Celle mit 972 Punkten (Führer: Gerhard Böhme),

Rhön-Adler-Maschine der Gruppe Hamburg mit 826,9 Punkten, die Condor-Maschine der Fliegergruppe Hannover mit 465,25 Punkten, die Rhön-Bussard-Maschine der Fliegerortsgruppe Hannover mit 408 Punkten, die Rhön-Adler-Maschine der Fliegerortsgruppe Hamburg mit 296 Punkten, die Grunau-Baby-Maschine der Fliegerortsgruppe Südharz mit 247,50 Punkten.

Der Wanderpreis für die beste Gesamtleistung wurde der Fliegerlandesgruppe Niedersachsen (9) zugesprochen, ebenso der Anerkennungspreis für besondere Einzelleistungen.

Als Einzelpreise erhielten Segelflieger Haardt den Silberpokal und der Segelflieger Böhme-Celle eine goldene Uhr.

Zeitungsartikel, 24. Juni 1935

23. – 30.06.1935 2. Ith-Segelflug-Wettbewerb, DLV-Landesgruppen Niedersachsen und Hamburg
15 Flugzeuge am Start, Längste Flugdauer: 14,03 Std.
Größte Höhe: 1550 m, Längste Strecke: 70 km
Zielflüge nach Alfeld und Göttingen.
Sieger: Haardt, Ith, auf Rhönadler Hannover 2126,9 Punkte (Silberpokal),
Gerhard Böhme, Celle, auf Grunau Baby 972 Punkte, Rhönadler Hamburg 826,9 Punkte,
Condor Hannover 465, 25 Punkte, Rhönbussard Hannover 408 Punkte,
Rhönadler Hamburg 296 Punkte und Grunau Baby Südharz 247,50 Punkte.

Teilnehmer 2. Ith-Segelflug-Wettbewerb, 1935

A. Haardt, 1935

19.07.1935 Absturz von Artur Haardt am Flugplatz Ith: Auf dem Rückweg von Scharfoldendorf zum Ith sah Herr Wichert, wie ein Segelflugzeug »D-Ith 22« vom Typ »Rhönsperber« im Rückenflug von West nach Ost in Richtung Westhang flog. In Höhe des heutigen Windsackes kurvte der Pilot wieder in Richtung Westen, wobei er vom Rückenflug in den Normalflug wechselte. Im diesem Moment startete ein Baby 2 in Richtung Westhang. Um einen Zusammenstoß zu vermeiden machte der Pilot des Rhönbussards eine ruckartige Kursänderung. Dabei brach eine Tragfläche ab und der Rhönbussard stürzte in den Wald – ungefähr auf halber Höhe neben den abgeholzten Westhang. Der Pilot Artur Haardt wurde dabei tödlich verletzt.

Artur Haardt-Halle

Segelflugzeug vom Typ »Minimoa« vor der Arthur Haardt-Halle

Piloten vor dem Start

14. – 21.6.1936 3. Ith-Segelflug-Wettbewerb
Längste Flugdauer: 9 Std 40 Min. (Böhme, Celle).
Größte Höhe: 1530 m (Böhme, Celle)
Längste Strecke: 119 km (Böhme, Celle)
Einzelsieger:
1. Gerhard Böhme, Celle, Grunau Baby II, 722 P.,
Siebert, Kiel, Rhönadler, 564 P.,
Reukauf, Ith, Rhönadler »Ith 15«, 338 P., 2. Tagespreis
für die längste Flugdauer mit 8 Sld. und 7 Min.
Niederstadt, Ith, Rhönbussard »Victor Lutze«.

Während des Wettbewerbs besuchte das Luftschiff
»LZ 129« mit dem Namen »Hindenburg« den Ith. Kennel
flog ihm mit dem Motorflugzeug D-ELKO entgegen.

Aufstellung vor dem Wettbewerb

Drittes Segelflugzeug der Ortsgruppe Eschershausen vom Typ »Zögling« (12 m) mit dem Namen »Gardeschütze«

Flugschülerin hält Tragfläche

Flugzeug »Kroll« vom Typ »Falke« vor Gummiseilstart

Rücktransport des Schulgleiters zum Start

Das Wetterhäuschen der Flugschule

Tragflächen im Bahnwaggon

Flugschüler vor Gummiseilstart auf Schulgleiter

● Vereins- und Wochenendschulung,
Leinhäuser Halle zur Unterbringung der Schulflugzeuge, 1937

02.04.1937 Besprechung zwischen DLV (Major Bieler) und Flughafengesellschaft (Regierungsbaumeister Schrade, Braunschweig) zur Festlegung der Lage der ersten Bauten für die Segelflugschule: Unterkunftsgebäude auf dem Brauerstiegskopf, Verwaltungsgebäude an der Stelle der Eschershäuser Halle. Abbruch der Hallen I und II Ende Mai 1937 (wohl nach dem Ende des 4. Ith-Wettbewerbs).

15.02.1937 Die Flughafengesellschaft Braunschweig-Waggum mbH wird für die Errichtung einer Reichssegelflugklubschule aktiv. Für den Bau ist die Übertragung von Gelände in Forstbesitz an die Flughafengesellschaft (Bauträger) erforderlich. Die Halle I (vom HAeC) und die Eschershäuser Halle werden abgerissen. Beginn sofort. Der Betrieb der Ortsgruppen ist von dem der Segelflugschule getrennt.

26.02.1937 Für die Segelflugschule erforderliche Flächen werden von der Forst zur Verfügung gestellt. Vollzug sofort. Der Eigentumsübertragung für die Hallen II und III wird ebenfalls mit sofortiger Wirkung zugestimmt. Der Abriss kann somit vollzogen werden.

Im Segelfliegerlager Ith kommt die Flugzeughalle des Reichsbahn-Ausbesserungswerks (RAW) Leinhausen an den Waldrand nahe der Haardt-Halle der Ortsgruppe Hannover. Sie besteht neben einem Anbau aus der (umgesetzten) Halle I des 1. Segelfliegerlagers.

Neues Segelfliegerlager

○ 4. Ith-Segelflug-Wettbewerb

16. – 25.05.1937 4. Ith-Segelflug-Wettbewerb (Gruppe 3 Hamburg, Gruppe 9 Niedersachsen)
27 Maschinen, 49 Piloten am Start
Längste Flugdauer: Seidel, Kiel, 7 Std. und 45 Min.
Größte Höhe: Reukauf, Hannover, 1775 m
Längste Strecke: Klug, Dessau, auf Rhönadler nach Thale/Harz, 97 km
Zielflugpreis des Staatsministeriums Braunschweig für einen Flug Ith – Braunschweig-Waggum:
Reukauf, Segelfliegerschule Gitter
Zielflug mit Rückkehr nach Holzminden (40 km):
Siebert, Braunschweig, auf D-Braunschweig (Rhönbussard),
Sonderpreis:
Stoltzenberg, Gruppe 3 (Hamburg), flog mit Grunau Baby II nach Erkerode-Elm (77 km)

○ Kleine und große Besucher beim Ith-Segelflug-Wettbewerb

»Kranich« vor der Leinhäuser Halle, 1937

Doppeldecker vom Typ »FW (Focke-Wulf) 44 Stieglitz« für den Flugzeugschlepp, 1937

Das Leinhäuser Haus dient als Mannschaftsunterkunft der Flieger-HJ.
Die Einrichtung konnte auch von anderen Ortsgruppen des DLV und des NSFK für Schulungen genutzt werden.

Reichssegelflugklubschule

1938 – 1945

IM JAHR 1937 FAND auf dem Ith kein Betrieb der Alten Segelflugschule mehr statt. Die meisten Holzbauten der bisherigen Schule wurden abgerissen, um für die Neubauten der Reichssegelflugklubschule Platz zu schaffen.

Die neue Reichssegelflugklubschule wurde für die Landesgruppe 9 (Weser-Elbe) des NSFK als Bauherr errichtet. Bauträger war für das Staatsministerium Braunschweig die Flughafengesellschaft BraunschweigWaggum mbH.

Obwohl das große Unterkunftsgebäude für die Lehrgangsteilnehmer noch fehlte, wurden die im ersten Bauabschnitt verwirklichten technischen Gebäude am 1. Mai 1938 ihrer Bestimmung übergeben. Auf diese Weise konnte die Reichssegelflugklubschule im Sommer 1938 ihren Betrieb aufnehmen.

Mit dem Bau des Unterkunftsgebäudes für 125 Lehrgangsteilnehmer auf dem Brauerstiegskopf des Ith wurde zwar schon 1939 begonnen, aber die Arbeiten zogen sich durch den Ausbruch des Krieges hin.

Für den laufenden Flugbetrieb dienten die Startstellen am unteren Ende und auf halber Höhe in der Startschneise am Westhang des Ith. Das Problem der Rückholung der Flugzeuge wurde bisher durch den Einsatz einer eigentlich für Segelflugzeugstarts vorgesehenen Schleppwinde gelöst. Bei Tallandungen gestaltete sich der Rücktransport auf die Ithkuppe dennoch als schwierig. Deshalb wurde im Rahmen der laufenden Baumaßnahmen auch die Installation einer Aufzugsbahn realisiert.

Am Südrand der Startschneise wurde 1940/41 eine Schienenbahn gebaut. Auf ihr bewegte sich eine Plattform, die mit Halterungen für zwei Segelflugzeuge versehen war und die durch eine am oberen Ende stationierte elektrisch angetriebene Winde bewegt wurde.

Die Startschneise wurde auch bei Windenstarts von der Ithkuppe aus verwendet. Zu diesem Zweck stand die Schleppwinde am Fuße des Ith. Für den Rücktransport wurden die im Vorfeld des Ith gelandeten Segelflugzeuge mit einer Hilfswinde zum Beginn der Aufzugsbahn gezogen. Diese einzigartige technische Einrichtung ermöglichte einen zügigen Flugbetrieb.

Die Unterbrechung des Schulbetriebs 1937 hatte zu einer Versetzung des Personals der Alten Segelflugschule auf dem Ith an die neue Reichssegelflugschule Gitter geführt. Bis auf den Fluglehrer Sepp Niederstadt kehrte auch keiner zum Ith zurück, so dass eine komplette personelle Neubesetzung erforderlich war. Die Schule verfügte über 25 Segelflugzeuge mit acht verschiedenen Baumustern. Für den Flugzeugschlepp standen zwei Motorflugzeuge, eine französische »Morane Saulnier MS 230« und eine »He 72« Kadett, zur Verfügung, die von den Fluglehrern Hering und Lange von der Luftwaffe geflogen wurden.

Der Flugbetrieb auf dem Ith endete mit dem Einmarsch der Alliierten im April 1945.

27.10.1937 Richtfest zu den ersten Gebäuden der Reichssegelflugklubschule nach einer Bauzeit von über sechs Monaten.

17.02.1938 Erster Leiter der Reichssegelflugklubschule (RSS) ist Flugmeister Katzner. Antrag auf Abtrieb einer Waldecke an der Straße nach Cappellenhagen.

Um März 1938 Die bisherige Segelflugschule wird zur Reichssegelflugklubschule umgebaut. Sie soll am 01.05.1938 eröffnet werden. Dritte Schule dieser Art im Reich (Grunau und Sylt). Träger NSFK Gruppe 9 (Niedersachsen), Entwurf Regierungsbaumeister Schrade, örtlicher Bauleiter Copprasch, Gesamtplanung Segelflugreferent Bieler der Gr. 9 des NSFK.
1. Bauabschnitt: Halle 46 m × 21 m mit Werkstattanbau im Osten ist fertig, ebenso der Rohbau des Verwaltungsgebäudes. Die Alte Halle wurde umgebaut und aufgestockt: Unterrichtssaal, Halle und Wohnungen für Angestellte, sind fertig.

Um März 1938 Von der neuen Reichssegelflugklubschule völlig getrennt:
Altes Segelfliegerlager Ith: Im Anschluss an die Haardt-Halle wird eine 40 m lange Unterkunft gebaut, am vorderen Ende kommt eine 28 m × 18 m Flugzeughalle hinzu, an deren Längsseite eine zweite Unterkunft abgetrennt ist. Fertigstellung Mitte Juni 1938.

01.05.1938 Der 1. Bauabschnitt der Reichssegelflugklubschule wurde eingeweiht: Verwaltungsgebäude, Flugzeughalle mit Werkstatt, provisorische Mannschaftsunterkunft. Der Bau des großen Unterkunfts- und Hauptgebäudes war noch nicht begonnen. Die Aufgaben der bisherigen Segelflugschule (Ausbildung von NSFK- und HJ-Angehörigen) sind auf die Segelflugschule Gitter übergegangen. Personal (Fluglehrer Niederstadt, Niemeyer, Reukauf, Werkstattleiter Mühlhahn) wurde dorthin versetzt. Die neue Reichssegelflugschule auf dem Ith war damit eine Reichssegelflugklubschule, die allen Deutschen und Auslandern offen stand, sofern sie Selbstzahler waren.

1942 Handwerker sind mit dem Innenausbau des Unterkunftshauses beschäftigt. Die Einweihung soll im Juli 1942 stattfinden. Die Fluglehrer werden in drei Einzelhäusern an der alten Höhenstraße untergebracht. Ziele: Verbesserung der Umfassung, neue Straße zum Fluggelände, Ausbau des Schwimmbades, Vergrößerung des unteren Segelfluggeländes für den Schleppverkehr, neue Aufzugbahn. Hangaufzugbahn, Länge 225 m, elektrischer Betrieb, wird in nächster Zeit in Dienst gestellt. Erstes größeres Projekt dieser Art überhaupt.

Links im Bildhintergrund: Hauptschulgebäude im Rohbau, vorne steht das Verwaltungsgebäude, 1938

Oben links: Blick von der Startstelle am Westhang auf Verwaltungs- und Hauptschulgebäude. — Oben rechts: Das Hauptschul- und Unterkunftsgebäude, das 120 Flugschülern Wohn- und Unterrichtsräume bietet. — Unten links: Blick auf dem Appellplatz der Reichssegelflugschule Ith
während der Eröffnungsfeier. — Unten rechts: Botschafter Oshima tauft ein Hochleistungssegelflugzeug auf den Namen eines japanischen Fliegerhelden; links vom Botschafter der Stabsführer der NSFK.-Gruppe 9, NSFK.-Standartenführer Wolf, hinter dem Botschafter verdeckt NSFK.-Ober-
gruppenführer Sauke, ganz rechts Gauleiter Lauterbacher
Fot. Hauschild

Reichssegelflugschule auf dem Ith eröffnet

Im Frühsommer 1931 flog der damalige Fluglehrer des Aero-Clubs
Hannover, NSFK.-Obersturmführer Weber, zum ersten Male in einem
Segelflugzeug über den Bergwiesen des Ith. Von diesem Tage an datiert
die Erschließung der Ith-Wiesen zu einem Segelfluggelände, das wohl zu
den schönsten in Deutschland gehört. Der etwa 24 km lange Höhen-
rücken des Ith verläuft in nordsüdlicher Richtung zwischen Vogler und
Hils im Weserbergland. Am südlichen Ende des Höhenzuges machen die
dichten Waldungen ausgedehnten Bergwiesen Platz. Auf der Grenze zwischen Hochwald und Ith-Wiesen wurden in den letzten Jahren die Anlagen der Reichssegelflugschule Ith errichtet. Flugzeughallen, Werkstatt-
und Unterstellbauten für Kraftfahrzeuge, Verwaltungs- und Schulführer-
gebäude sowie das Hauptschul- und Unterkunftshaus, das 120 Flugschülern Wohn- und Unterrichtsräume bietet, sind an den Berghang ge-
lehnt bzw. auf der Kuppe errichtet. In der Reichssegelflugschule Ith wurde
eine fliegerische Ausbildungsstätte erbaut, die in ihrer der Eigenart des
Landschaft angepaßten, formschönen und zweckmäßigen Anlage mit zu
den repräsentativsten Bauten des NS.-Fliegerkorps werden wird.

Kürzlich wurde die Reichssegelflugschule Ith im Rahmen einer Feierstunde durch den ständigen bevollmächtigten Vertreter des Korpsführers
und Chef des Stabes, NSFK.-Obergruppenführer S a u k e, in den Dienst
der vormilitärischen fliegerischen Ausbildung des Nachwuchses für die Luftwaffe gestellt. An dieser Feier nahmen eine große Anzahl Vertreter von Par-
tei, Wehrmacht, Staat und Behörden teil, an ihrer Spitze Gauleiter und Oberpräsident Hartmann L a u t e r b a c h e r. Ausdruck der engen Verbundenheit zwischen Luftwaffe und NS.-Fliegerkorps war die Teilnahme einer Reihe
hoher Offiziere an dieser Feierstunde, an ihrer Spitze Generalmajor
F i s c h e r, als Vertreter des Luftgaubefehlshabers VI Münster, sowie
Generalmajor Freiherr von B i e d e r m a n n, Kommandeur eines Flieger-
Ausbildungs-Regiments und Kommandant eines Fliegerhorstes. Im Mittel-
punkt der Feierstunde stand eine Ansprache des Chefs des Ausbildungs-
amtes im Stabe des Korpsführers, NSFK.-Oberführer K u n z, der darauf
hinwies, daß aus der Ausbildungsarbeit der Reichssegelflugschulen der
Luftwaffe ein Nachwuchs zur Verfügung gestellt werden muß, der eine
Auslese der Besten in fliegerischer, weltanschaulicher und soldatischer

Hinsicht darstelle. NSFK.-Obergruppenführer Sauke übergab den Schlüssel
zum Hauptschulgebäude an Schulführer NSFK.-Sturmbannführer W i t -
t i n g mit der Mahnung, die RSS. Ith zu einem fliegerischen Stützpunkt
in der Ausbildungsarbeit des NS.-Fliegerkorps zu machen. Ansporn sollen
dabei die Leistungen und Erfolge sein, die bisher mit behelfsmäßigen
Mitteln auf dem Fluggelände Ith erzielt wurden. Unter den Klängen des
Flaggenmarsches stiegen die Fahnen an den Masten empor. Die Reichssegelflugschule Ith war eröffnet. Ein Rundgang durch die Anlagen sowie
die Besichtigung des Flugbetriebes vermittelten den Gästen einen Ein-
blick in die segelfliegerische Ausbildung der Hitler-Jugend durch das
NS.-Fliegerkorps. Vom Schulgleiterstart bis zum Kranichflug wurden die
bekanntesten Segelflugzeugtypen den Besuchern vorgeführt. Höhepunkt
der Besichtigung bildeten die Kunstflugvorführungen, die NSFK.-Haupt-
sturmführer Haase und NSFK.-Sturmbannführer Marsen auf dem „Ha-
bicht" zeigten.
NSFK.-Sturmbannführer R u p p e r s b e r g

Segelflugzeugtaufe durch Botschafter Oshima

Der Kaiserlich Japanische Botschafter, Exzellenz Oshima, besuchte an-
läßlich einer Rundreise durch den Gau Südhannover-Braunschweig auch
die neue Reichssegelflugschule auf dem Ith. Der ständige bevollmächtigte
Vertreter des Korpsführers des NS.-Fliegerkorps und Chef des Stabes,
NSFK.-Obergruppenführer Sauke, hieß den Botschafter, in dessen Be-
gleitung sich der japanische Gesandte, Exzellenz Sakuma, und der japa-
nische Presseattaché Oga befanden, herzlich willkommen und bat ihn, das
Hochleistungs-Segelflugzeug vom Baumuster „Condor III" auf den Namen
des japanischen Fliegerhelden Jinuma (zuletzt von uns genannt im April-
Heft in dem Artikel „Die Luftwaffe der Japaner. Die Schriftl.) zu taufen.
Mit Massaki Jinuma zusammen — dessen Fliegerleben sich im Dezember
1941 im Kampf um die Malaien-Halbinsel erfüllte — war Exzellenz
Oshima 1937 Gast des NS.-Fliegerkorps in Trebbin. In Deutschland ist
Jinuma im Jahre 1937 bekannt geworden durch seinen Langstreckenflug
Tokio—Berlin—Tokio.

5. Ith-Segelflug-Wettbewerb, Segelflugzeuge Typ »Minimoa« gehen an den Start, 1938

29.5. – 6.6.1938 5. Ith-Segelflug-Wettbewerb, NSFK Gr. 9 (Weser-Elbe, Hannover), Gr. 3 (Nordwest, Hamburg) und Gr. 2 (Nord, Stettin)

80 Höhensegelflüge über 1000 m, 14 Flüge über 1500 m, 10 Flüge über 2000 m. 5 Streckenflüge über 150 km, 16 über 100 km, 53 über 50 km. Mannschaftssieg NFK-Gr. 9 (Weser-Elbe) vor NSFK-Gr. 2 (Nord).

Einzelwertung:
Goldene Plakette des Korpsführers erhielt Boy, Holzen, Silberne Plakette Baumann, Wismar, Bronzene Plakette Krenz, Wernigerode

5. Ith-Segelflug-Wettbewerb, von links: Fluglehrer Reukauf, Bräutigem mit Adjutant, 1938

1938 – 1943 Johannes Stanke (1899 – 1948) war Segelflieger auf dem Ith. Durch ihn haben viele Jugendliche aus dem Raum Mehle, Sehlde und Osterwald ihre Flugausbildung auf dem Ith absolvieren können.

Nach einem Streckenflug landet Stanke in Mehle. Seine beiden Söhne, fünf und elf Jahre alt, durften dann auch einmal ins Cockpit steigen.

Johannes Stanke (rechts) auf der Winde.

Rückführung des Schulgleiters zum Start, September 1938

● Schild am Unterkunftsgebäude für Flugschüler, 1938

● Lehrgang, Antreten zum Appell, September 1938

● Junge Teilnehmer mit Modellflugzeugen, September 1938

● Besprechung des Lehrgang-Ablaufs, September 1938

● Willi Wangenheim (rechts hinten)

Start eines »Kranich II« mit Gummiseil, im Hintergrund das Verwaltungsgebäude

04.01.1939 Festlegung der Grenzen der für die RSS benötigten Flächen

07. – 28.05.1939 6. Ith-Segelflug-Wettbewerb für Landesgruppe 9 (Weser-Elbe)

10.05.1939 Am 4. Tag gingen alle 38 Maschinen über Land:
Von Lerch, Braunschweig 5/50, Ravensbeuren/Mosel 283 km
Boy, Gronau 14/50, Koblenz 230 km
Niederstadt, Segelflugschule Gitter, Kettwig/Ruhr 206 km
Hessing, Ballenstedt, Dortmund 155 km
Peters, Gronau 14/50, Werl bei Unna 135 km
Märschel, Segelfliegerlager Gitter, Wamel/Soest 114 km

Endergebnisse:
1. Sieger Boy, Gronau, 2. Sieger Kachel, Hannover
Leistungsklasse: v. Lerch Brg./Märschel Segelfliegerlager Gitter/
Niemeyer und Niederstadt Segelflugschule Gitter
Übungsklasse: Drüsedau Gardelegen
Längste Dauer: Zimmermann, Hildesheim, 10 Std.
Größte Höhe: Kachel, Hannover, 4420 m
Längste Strecke: Märschel, Segelfliegerlager Gitter, 293 km
Längster Zielflug: Graf, Magdeburg, Ith – Frankfurt 218 km

31.5. – 11.06.1939 6. Ith-Segelflug-Wettbewerb für Landesgruppe 2 (Nord)
und für Landesgruppe 3 (Nordwest)

Fluglehrer, zweiter von rechts: S. Niederstadt, 1939

Gratulation zur bestandenen Prüfung, 1939

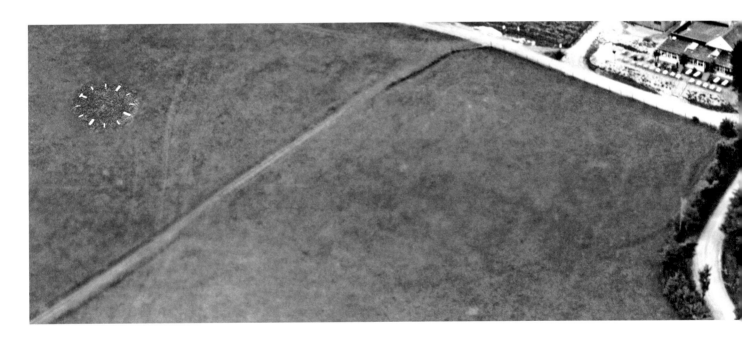

Heinz Schütte, ehemaliger Flugschüler, heute Fluglehrer von Blau-Gelb Braunschweig, kennt noch die Bedeutung des Uhrzifferblattes an der NS-Flugschule Ith:

12:00 Uhr: Alle Flugzeuge mussten landen (Feindliche Flieger)

Weitere Uhrzeiten im Viertelstunden-Takt: 12:15 – 11:45 Uhr
Jedes Flugzeug bekam vor dem Start eine individuelle Uhrzeit genannt.
Wenn diese Zeit gelegt wird, muss das betreffende Flugzeug landen.

Segelflugzeug Typ »Baby II«
im Flug, 1939

Flugzeug-Rücktransport, 1939

Segelfluggruppe Holzminden, Fluglehrer Fritz Winkel, LSH; W. Henze (rechts sitzend), 1939

Start mit Gummiseil, Februar 1940

Ein kalter Winter im März 1940

Fluglehrer Hoyer und Niederstadt (von links)

Windenfahrer F. Lobach, 1940

Segelflugzeug vom Typ »Minimoa« beim Start, 1940

Flugzeuge mit Tarn-Anstrich, 1940

Flugzeuge mit Tarnung

Flugzeug vom Typ »JU 52« zu Besuch auf dem Ith, 1941

Flugschüler in der Pause, 1941

Flugzeug vom Typ »JU 52«
im Landeanflug

Artur Haard-Halle, im Vordergrund Segelflugzeug vom Typ »Kranich II«, 1941

F. Pfaffendorf mit seiner Frau und Schwägerin, 1941

Fluglehrer F. Pfaffendorf gibt Anweisungen an seinen Flugschüler.

Arbeitseinsatz im Winter 1942, W. Henze (Mitte, helle Jacke)

Am Westhang des Ith, 1942

● Belgische Arbeiter beim Bau
der Aufzugsbahn, 1942

● Nach getaner Arbeit beim Kartenspiel.

● Bau der Aufzugsbahn

● Vier Belgier, alle flämische Staats-
angehörige aus Madegen, am Eingang
zur Reichssegelflugklubschule, 1942.
Almer Cockhuyt, von Beruf Schreiner
(rechts im Bild).

Die Endstelle der Aufzugsbahn am Oberhang des Ith wird fertiggestellt, 1942.

Auf einer Schienenlänge von 175 m werden die Segelflugzeuge, auf einer Plattform stehend, nach oben gezogen.

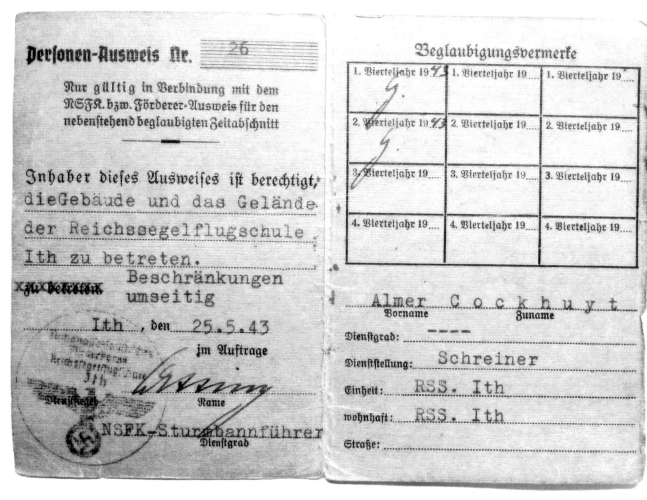

Personen-Ausweis Nr. 26

Nur gültig in Verbindung mit dem
NSFK. bzw. Förderer-Ausweis für den
nebenstehend beglaubigten Zeitabschnitt

Inhaber dieses Ausweises ist berechtigt,
die Gebäude und das Gelände
der Reichssegelflugschule
Ith zu betreten.

zu betreten Beschränkungen
umseitig

Ith , den 25.5.43

im Auftrage

Name

NSFK-Sturmbannführer
Dienstgrad

Beglaubigungsvermerke

1. Vierteljahr 1943	1. Vierteljahr 19	1. Vierteljahr 19
2. Vierteljahr 1943	2. Vierteljahr 19	2. Vierteljahr 19
3. Vierteljahr 19	3. Vierteljahr 19	3. Vierteljahr 19
4. Vierteljahr 19	4. Vierteljahr 19	4. Vierteljahr 19

Almer Cockhuyt
Vorname   Zuname

Dienstgrad: ----

Dienststellung: Schreiner

Einheit: RSS. Ith

wohnhaft: RSS. Ith

Straße:

Ausweis, der zum Betreten der Reichssegelflugschule berechtigte.

ALMER COCKHUYT,
DONKSTRAAT 78,
MALDEGEM.
[P.O.V.]
BELGIE.

Reichssegelflugschule
ITH,
Auf dem Ith,
Post Alfeld-Leine-Land.

Kofferaufkleber der Reichssegelflugschule Ith für A. Cockhuyt

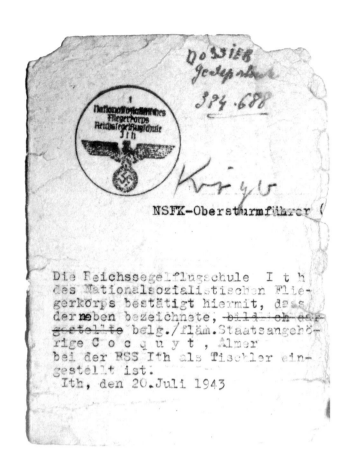

1NSFK-Obersturmführer (

Die Reichssegelflugschule I t h
des Nationalsozialistischen Fliegerkorps bestätigt hiermit, dass
der neben bezeichnete, ~~bildlich dar-
gestellte~~ belg./fläm.Staatsangehö-
rige C o c q u y t , Almer
bei der RSS Ith als Tischler eingestellt ist.
Ith, den 20.Juli 1943

20.07.1943 Arbeitsbestätigung der Reichssegelflugschule Ith für Almer Cockhuyt.

1945 Die Belgischen Arbeiter vom Ith brechen nach
Schließung der Flugschule die Heimreise an.
Um sich vor Angriffen der Alliierten zu schützen, malen
sie amerikanische Sterne auf das Fahrzeug.

Royal Air Force

1945 – 1955

NACH DEM EINMARSCH der Alliierten am Ende des Zweiten Weltkriegs beschlagnahmte die englische Besatzungsmacht Unmengen an Ausrüstung, Flugzeugen und Liegenschaften, die der ehemalige Nationalsozialistische Fliegerkorps auf den Ithwiesen zurückgelassen hatte. Viele Motor-und Segelflugzeuge wurden von den Engländern bei ihrer Siegesfeier im Frühjahr 1945 in einer Nacht verbrannt. Etwas später richteten die Besatzer auf dem Ith ein »Rest-Center«, ein Urlaubs- und Erholungszentrum für englische Soldaten, die in ganz Norddeutschland verteilt waren, ein. Kricket, Tennis, Hockey, Fußball, Bogenschießen, sowie eine Rollschuhbahn und ein Schwimmbad (das alte Feuerlöschbecken) gehörten zu den Angeboten.

Auf dem Ith war zudem eine kleine Besatzung mit vier Funkern stationiert, die die Aufgabe hatten, von einem quadratisch geschnittenen Turm, der dem RDF (Radio-Direction-Finding) als Funkpeilungsanlage diente, alle beobachteten Flugbewegungen nach Wunstorf zu melden. Wunstorf war einer der größten Standorte der englischen Besatzungsmacht. Für die auf dem Ith stationierte RDF- Besatzung war zunächst der kommandierende Offizier Flt. Lt. Osland verantwortlich, ein leidenschaftlicher Segelflug-Pilot. Auch der für das Transportgeschwader zuständige Corporal A. Gough war ein erfahrener Segelflieger. Er hatte bereits an mehreren Wettbewerben englischer Segelflugklubs der BAFO (British Air Force of Occupation) erfolgreich teilgenommen.

Gough leitete die Flugwerkstätten auf dem Ith, wo sich deutsche Flugzeugmechaniker um die Wartung und In-standhaltung der Flugzeuge kümmerten. Neben den als LKW-Fahrer und Mechaniker dienenden Soldaten zählten noch ein paar Sanitäter zur Besatzung. Den größten Anteil jedoch bildeten die zivilen deutschen Mitarbeiter, die aus den umliegenden Dörfern kamen.

Großes Interesse bestand bei den Militärangehörigen am Weiterbetrieb der Einrichtungen für den Segelflugsport. Sepp Niederstadt, der schon vorher auf dem Ith als Fluglehrer mit viel Erfahrung erfolgreich agiert hatte, wurde, nachdem er von den Alliierten inhaftiert worden war, nach einigen Monaten Gefangenschaft zurückgeholt und als Fluglehrer für die Engländer eingestellt. Ihm war es aber nicht erlaubt, alleine zu fliegen.

So herrschte in den Sommermonaten täglich Flugbetrieb, im Winterhalbjahr nur an den Wochenenden. Zunächst starteten die Engländer ihre Gleiter in gewohnter Weise per Gummiseilstarts. In den Jahren 1949 /50 kam dann immer mehr die Winde zum Einsatz. Dazu gab es drei Schleppstrecken für den Flugzeugschlepp. Die Segelflugklubs der BAFO benutzen bei ihren Flügen auf dem Ith die erbeuteten Gleiter vom Typ »SG 38«. Außerdem waren noch jede Menge »Grunau Babys« vorhanden.

Im Laufe der Jahre knüpften sich mehr und mehr kameradschaftliche Bande zwischen den Engländern und den Deutschen, die doch die gleiche Leidenschaft verband. Im Dezember 1954 teilte der Kommandant Crowson von der RAF dem Vereinsvorsitzenden des LSV Ith Eschershausen Franz Pfaffendorf mit, dass die Fliegerei der Engländer auf dem Ith zum Jahreswechsel eingestellt wird.

AUS DEN LEBENSERINNERUNGEN
DES ENGLISCHEN PILOTEN MARTIN SIMONS

1947 war ich Mitglied im »Derbyshire and Lancashire Gliding Club« (Englischer Segelflugverein). Mein Training nach der einsitzigen Ausbildungsmethode ging fürchterlich schief. Ich habe mich bei einem Unfall ernsthaft verletzt. Als ich dann wieder genesen war, zog es mich, wie alle 18-Jährigen zu der Zeit, meinem Land zu dienen. Ich fragte, ob ich zur RAF anstelle des Heeres oder der Marine gehen konnte, da ich immernoch vom Segelflug fasziniert war, obwohl meine Eltern mir verboten haben, jemals wieder zu fliegen.

So wurde ich der RAF, oder im Fachjargon auch Erk genannt, zugeteilt und zum Funker ausgebildet. Die meiste Arbeit bestand aus der Kommunikation vom Boden aus mit den Flugzeugen und Hubschraubern bei ihren verschiedensten Einsätzen. Im Jahr 1949 wurde ich nach ein paar Monaten in Schottland nach Wunstorf in Deutschland versetzt. Wunstorf war einer der größten Standorte der englischen Besatzungsmacht. Unter anderem wurden von hier aus während der Zeit der Berliner Luftbrücke Essen, Treibstoff und andere essentielle Güter nach Berlin geflogen um die Stadt am Leben zu erhalten. Die Sowjets hatten sämtliche Straßen und Bahnstrecken zur Stadt blockiert.

Als ich nach Wunstorf versetzt wurde, war die Luftbrücke schon fast vorbei. Schon bald standen die riesigen Transportmaschinen rum und für uns gab es kaum noch Arbeit zu tun. Wir Funker saßen stundenlang rum und lauschten dem monotonen Rauschen der Funkanlagen. Es war noch eine Staffel »Spitfire« in Wunstorf stationiert, die regelmäßig Übungen flogen. Zu ihnen hatten wir jedoch keinen Kontakt.

Rund 50 Kilometer südlich von Wunstorf nahe dem Ort Scharfoldendorf befand sich der Höhenzug Ith. Dort hatte die RAF speziell für ihre Mitglieder ein Urlaubs- und Erholungszentrum eingerichtet. Oberhalb des Orts direkt auf dem Bergkamm wurde neben den bereits bestehenden Gebäudeanlagen eine große Baracken-Siedlung errichtet. Wer längere Zeit im Ausland verbrachte, sprich: für uns Deutschland, konnte im Urlaubs- und Erholungszentrum ein paar Tage verbringen. Weiter gab es noch eine kleinere Baracke für die Frauen und ein Hotel für die Offiziere.

Ich verbrachte eine Woche im Urlaubs- und Erholungszentrum Scharfoldendorf und ich war komplett begeistert. Für die Soldaten der RAF gab es gutes Essen, extra Bedienungen und ein gut hergerichtetes Restaurant. Das Zentrum war mit allem möglichen aktuellen Gesellschaftsspielen und Sportgeräten ausgestattet. Abends fanden sogar Tanzveranstaltungen und Partys statt mit vier oder fünf Bands, welche auch manchmal zu den Mahlzeiten spielten. Man konnte dort Tennis, Tischtennis, Billiard und Snooker spielen, Bogenschießen und manchmal im Winter Ski und Schlitten fahren. Man konnte auch über das riesige Gelände wandern. Wenn man Glück hatte, bekam man im Wald oder am Waldrand Rehe und Wildschweine zu Gesicht. Man konnte sich auch Gewehre für die Jagd ausleihen, für die die wollten. Die Wildschweine waren riesig, schwarz und haarig. Man hatte uns darauf hingewiesen, dass die Wildschweine sehr gefährlich sein könnten, wenn man sie in die Ecke trieb. Die Rehe waren anmutige und sehr scheue Kreaturen und ich hasste es, mit anzusehen, wenn sie bei einer Jagd erschossen wurden, was von Zeit zu Zeit vorkam. Auf dem Dach der Barackensiedlung befand sich ein quadratisch geschnittener Tower.

Dieser diente als Funkpeilungsanlage, dem so genannten RDF. In dem Tower war lediglich Platz für einen einzelnen Operator, der mit Kopfhörern und Mikrophon ausgestattet, jederzeit bereit war, nach Anforderung die Position des jeweiligen Flugzeuges zu bestimmen. Das war eine der Hauptaufgaben der RAF-Abteilung Wunstorf. Hierfür stand in Scharfoldendorf ein dreiköpfiges Team bereit, welches im Schichtsystem arbeitete und mit in der Barackensiedlung wohnte.

Für mich war das persönliche Highlight an diesem Urlaubsresort der große Segelflugverein. Ich habe bereits vorher schon von dem Verein im englischen Sailplain and Glider Magazin gelesen. Nach dem Ende des Zweiten Weltkrieges wurden Unmengen an Ausrüstung, Flugzeugen und Liegenschaften des ehemaligen NSFK auf den Ithwiesen zurückgelassen, welche von der englischen Besatzungsmacht beschlagnahmt wurden. Unter dem beschlagnahmten Material befanden sich unter anderem auch viele Segelflugzeuge und Gleiter, Winden, Hangars und Werkstätten. Der Flugplatz erstreckte sich entlang der Hangkante auf der Nordostseite des Bergkammes und zeichnet sich besonders durch seine Hangflugmöglichkeiten bei Südwest- oder Nordost- Windwetterlagen heraus. Die thermischen Bedingungen waren auch recht gut.

Gleich nach der Ankunft in Wunstorf wurde ich auf die Möglichkeit aufmerksam, als Funker nach Scharfoldendorf versetzt zu werden. Ich bat um eine Versetzung und nach ein paar Wochen Verzögerung kam die ersehnte Bestätigung. Ich packte meine Sachen und machte mich auf den Weg. Dort angekommen meldete ich mich beim kommandierenden Offizier Flt Lt Osland. Er war für RFD-Besatzung am Standort Scharfoldendorf verantwortlich und ebenfalls Segelflug-Pilot. Er war überrascht, als er hörte, dass ich ebenfalls vom Luftsport begeistert bin.

Insgesamt waren wir vier Funker in unsrer kleinen Einheit, ein Unteroffizier, zwei weitere Soldaten und ich. Der Unteroffizier war, im Gegensatz zu uns restlichen drei, Berufssoldat und schon seit einigen Jahren hier in Deutschland stationiert. Er war verheiratet und wohnte mit seiner Frau in einer kleinen Wohnung in der Frauen-Baracke.

Zusätzlich zu dem RDF-Personal waren hier noch neun weitere Soldaten der RAF fest stationiert. Im Wesentlichen waren es LKW-Fahrer vom Transportgeschwader, Mechaniker und ein paar vom Sanitätsdienst. Den größten Anteil jedoch bildeten die zivilen Mitarbeiter. Die meisten davon Teilzeitarbeiter, welche aus der Umgebung kamen. Wir von der RAF hatten einen extra Frühstücksraum. Wir genossen es, dass wir zu den Mahlzeiten einen bereits reichlich gedeckten Tisch vorfanden. Ein wahrer Luxus im Vergleich zu den üblichen Kasernen.

Der für mich interessanteste Mensch auf dem Ith war Andy Gough. Er war, als ich ihn das erste Mal traf, Corporal (englischer Dienstgrad). Er war für das Transportgeschwader zuständig, aber seine Hauptaufgabe bestand darin, nach dem Flugbetrieb zu schauen. Er war ein erfahrener Segelflugpilot und hatte bereits mehrere Wettbewerbe für die englischen Segelflugklubs der BAFO erflogen. Zu dieser Zeit gab es mehrere einzelne Clubs der englischen Besatzungszone, wo Soldaten fliegen bzw. das fliegen erlernen konnten. Er leitete auch die Flugwerkstätten, wo deutsche Flugzeugmechaniker fest angestellt waren. Die Mechaniker kümmerten sich um die Wartung sowie Instandhaltung und führten diverse Reparaturen an dem Fluggerät durch. Zudem restaurierten sie die alten Segelflugzeuge des NSFK, welche teils in sehr schlechtem Zustand hinterlassen wurden.

Ich erzählte Andy von meinen Flugerfahrungen in England und auch von meinem Unfall. Zu dem Zeitpunkt hätte ich nie gedacht, jemals wieder in einem Flugzeug zu sitzen. Ich war jedoch immer noch vom Fliegen fasziniert. Die Segelflugklubs der BAFO benutzen bei ihrem Flugbetrieb die erbeuteten, primitiven Gleiter vom Typ »SG 38«. Andy lud mich ein, mit im Doppelsitzer des Typs »Kranich« ein paar Runden zu drehen. Nach anfänglicher Überzeugungsarbeit flogen wir bei fast jeder Gelegenheit (dies jedoch hab ich niemals meinen Eltern gestanden!). Er bestand darauf, dass ich das Flugzeug steuern sollte, obwohl ich mehr als nervös war. Einmal blieben wir sogar eine ganze Stunde lang im Hangflug oben. So begann ich meine schlechten Erfahrungen nach und nach abzubauen und dachte bald ernsthaft drüber nach, ob ich nicht doch noch ein richtiger Segelflugpilot werden könnte. So wurde ich es auch und ich flog noch weitere 15 Jahre lang.

Sepp Niederstadt war Kommandant zu der Zeit als die NSFK noch die Segelflugschule auf dem Ith betrieben hatte. Zum Ende des Krieges wurde Sepp, wie viele Kommandanten und Verantwortliche zu dieser Zeit, durch die Alliierten inhaftiert und verbrachte ein paar Monate im Gefängnis. Er war zu der Zeit Mitglied in der NSDAP. Das war zu der Zeit üblich, um höhere Positionen belegen zu können. Er hatte aber nichts mit den Kriegsverbrechen zu tun und wurde daraufhin wieder entlassen. Als ich

nach Scharfoldendorf kam, war er wieder fest auf dem Ith eingestellt. Er wohnte mit seiner Frau in einer kleinen Wohnung über den Werkstätten. Als professioneller Vollzeit-Fluglehrer besaß Sepp Niederstadt reichlich Erfahrung im Segelflug mit mehreren Tausend Flugstunden. Er sprach hervorragend englisch und ich lernte ihn bald sehr gut kennen. Er zeigte mir sein Fotoalbum, das er in seiner Zeit der Gefangenschaft erstellt und datiert hatte. Er wollte, dass seine Kinder wussten, wer ihr Vater gewesen war, da er sich nicht sicher war was mit ihm während der Zeit der Inhaftierung geschehen wird. Ihm war es auch nicht erlaubt zu fliegen, deshalb baute er in den Werkstätten Flugmodelle.

Eines Tages bei starkem Ostwind driftete ein Pilot der RAF mit einer »Grunau Baby« so weit vom Kurs ab, dass er es nicht mehr zum Landefeld zurück geschafft hätte. In seiner Weisheit drehte er ab und landete sicher unten im Tal nahe der Stadt. Die anderen oben auf dem Berg versuchten derweil einen geeigneten Anhänger und eine Mannschaft zu organisieren, welche das Flugzeug aus dem Tal holen sollte. Was aber bis vor Einbruch der Dunkelheit nicht mehr möglich war. Andy und der CO Osland besprachen sich mit Niederstadt, ob es nicht möglich wäre, das Windenseil von der Winde oben auf dem Bergkamm bis runter ins Tal zu dem gestrandeten Segler zu ziehen und das Flugzeug so mit einem Windenstart aus dem Tal heraus starten zu lassen, damit es anschließend wieder auf dem Ith landen konnte. Die Distanz betrug in etwa 1,5 km und 600 Höhenmeter Unterschied zwischen der Winde und dem Segler. Nach reichlicher Diskussion entschloss man sich, es zu versuchen. Niederstadt, als der Pilot mit den meisten Erfahrungen, wurde als Testpilot auserkoren.

Allein das Windenseil den Berg herunterzuziehen, war eine anspruchsvolle Aufgabe für die wenigen Leute, aber es gelang ihnen. Sepp Niederstadt setzte sich in den Segler und bereitete sich auch den Start vor. Der Start verlief normal und langsam stieg die »Grunau Baby« empor, bis es den Bergkamm überstieg. Wir sahen alle mit Aufregung diesem besonderen Ereignis zu. Am Ende des Windenstarts warf Sepp das Windenseil raus und flog dann noch für 20 Minuten im Hangaufwind, bis er zur Landung ansetzte. Seine Landung war perfekt und er berührte Sanft mit der Kufe den Boden. Er übersah jedoch einen kleinen Sprössling, welcher auf der kleinen Landefläche sprieß. Die Fläche streifte den kleinen Sprössling und daraufhin legte der Segler einen Ringelpietz hin, wobei das Heck des Seglers abbrach. Mit rotem Gesicht entschuldigte er sich bei Osland, welcher ziemlich sauer war. Die »Grunau Baby« wurde innerhalb kürzester Zeit wiederrepariert. Einige Monate nach meiner Abreise erfuhr ich indirekt, dass Niederstadt den Ith verlassen und eine Anstellung als Fluglehrer in Ostdeutschland angenommen hatte.

Ith-Gelände zur Zeit der englischen Besatzung durch die Royal Air Force

Flur in der ehemaligen Reichssegelflugschule

Restaurant und Tanzsaal im damaligen Gästehaus

Festliches Essen mit dem Kommandanten K. Crowson (links) der englischen Besatzungsmacht

A. Gough beim Skifahren auf dem Ith.

Piloten in der ehemaligen Reichssegelflugschule

Die »Rheinland« im Flug nach ihrer Restaurierung

Bereitstellung der Segelflugzeuge für den nächsten Start

Zwei Segelflugzeugzeuge des Typs »Rhönbussard« waren im Einsatz.

Im Vordergrund das Segelflugzeug Typ »Minimoa«. Im Hintergrund eine »SG 38«, die für Einzeltrainings genutzt wurde.

Englischer Pilot A. Gough im Segelfugzeug vom Typ »Kranich II (hinten sitzend)

**Segelflugzeuge vor dem Verwaltungsgebäude,
Typ »Grunau Baby 2b« und »Kranich II«**

Ein Neubeginn

Ab 1950

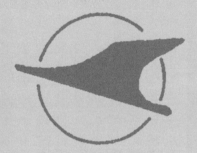

SCHON AB 1950 hatten sich die drei den Flugsport auf den Ithwiesen zukünftig tragenden Vereine, der Luftsportverein Ith Eschershausen, der Luftsportverein Holzminden und die Luftsportvereinigung Einbeck unabhängig voneinander neu firmiert. Zu dieser Zeit war das von den Alliierten erteilte Flugverbot für die Deutschen schon etwas gelockert. Der Bau von Flugmodellen war erlaubt. Es bestanden auch Arbeits- und Baugemeinschaften unter den Vereinen, die sich erst einmal dem Modellbau widmeten. Aber dann wurden noch inoffiziell auch schon Schulgleiter gebaut.

Am 20.06.1951 wurde der deutsche Segelflug von den Alliierten wieder zugelassen. Allerdings war damit an eine freie Benutzung der Ithwiesen als Fluggelände durch die einheimischen Luftsportvereine noch nicht zu denken. Die britische Besatzungsmacht blieb noch bis Ende des Jahres 1954 auf dem Ith.

Bis zum Abzug der Engländer erfolgten die Flüge auf anderem geeigneten Gelände in der Region zwischen Weser und Leine. Zu Beginn des Frühjahrs 1955 bestand dann endlich die Möglichkeit den Segelflugsport auf den Ithwiesen ungehindert ausüben zu können. In der Folge schlossen sich am 15. Januar 1956 die drei oben genannten Vereine zur Flugplatzgemeinschaft Ith zusammen.

In diesen Jahren stieg die Mitgliederzahl ständig. Drei Jahre später erfolgte ein konsequenter und wichtiger Schritt in der Geschichte des Segelflugs auf den Ithwiesen. Durch Kauf von 32,5 Hektar Grundfläche wurde die Flugplatzgemeinschaft Eigentümer des Fluggeländes. Neue Flugzeughallen und Unterkunftsgebäude entstanden und nach und nach wurden auch die veralteten Flugzeuge ausgemustert und modernere und leistungsfähigere Flugzeuge angeschafft.

1954 Picknick auf den Ithwiesen, Sommer 1954. Im Vordergrund sitzt Kenneth Crowson, Kommandant der RAF auf dem Ith. Dahinter ist seine Frau Evelyn zu sehen, ganz rechts Willi Fricke und ganz links vorne seine Schwägerin Else Fricke, dahinter seine Frau Resi.

● LSV Ith Eschershausen stellt seine Flugzeuge auf dem Schulhof der Wilhelm Raabe-Schule in Eschershausen vor, 1955.

Das Segelflugzeug vom Typ »Kranich II«

Fluglehrer F. Pfaffendorf im Segelflugzeug mit Prüfer und Werkstattleiter A. Thieß. Ganz links steht W. Germeier. Zweiter von rechts ist K. Mädel.

Überreste der »Ith-Möve«

In der Vereinswerkstatt des LSV Eschershausen

● Segelflugzeug »Glasmotzel« vom Typ »K8«

● Schulungs-Doppelsitzer des Typs »Ka7«

Flugzeug-Präsentation auf dem Schulgelände in Eschershausen.

01.09.1950 Der neu hinzu-
gekommene August Bödeker wurde
zum 1. Vorsitzenden des LSV
Holzminden gewählt. Zu dieser Zeit
war Bödeker noch gemeinsam mit
seinem Fliegerkameraden Karl-
Heinz Zander Weltrekordhalter im
Dauersegelflug: Im Dezember 1938
stellten sie in Rositten an der
kurischen Nehrung (Ostpreußen)
mit 50 Stunden und 26 Minuten
diesen Rekord auf. Für die damalige
Zeit eine unglaublich gute Leistung.

● A. Bödeker und K.-H. Zander

1955 Der Flugbetrieb des LSV
Holzminden begann zunächst auf
den Weserwiesen, wurde dann
jedoch am 06.05.1956 auf den Ith
verlagert. Mit den Kameraden aus
Uslar wurde eine Ausbildungs-
gemeinschaft gegründet, was dem
Verein enorme fliegerische Vorteile
einbrachte. Die Uslarer brachten
eine Baby III mit, das zur Umschu-
lung auf Einsitzer mitgenutzt wurde.

● Schulgleiter »SG 38« auf den Weserwiesen vor Holzminden.

1956 Der Verein erwarb einen
Doppelsitzer vom Typ »Rhönlerche«.
Ein Flüchtling aus Schlesien,
Herr Kadenbach, war Namensgeber
dieses Segelflugzeugs: Es wurde
»Luftikus« getauft.

● In der Mitte im schwarzen Anzug steht Herr Kadenbach.

● Bödeker-Halle im Rohbau

1956 Eine ehemalige Bohrturmhalle aus Hamburg wurde in Eigenleistung demontiert und auf dem Ith wieder errichtet.

15.07.1957 Einweihung der fertiggestellten »Bödeker-Halle«.

● Die Bautruppe bei der Einweihung

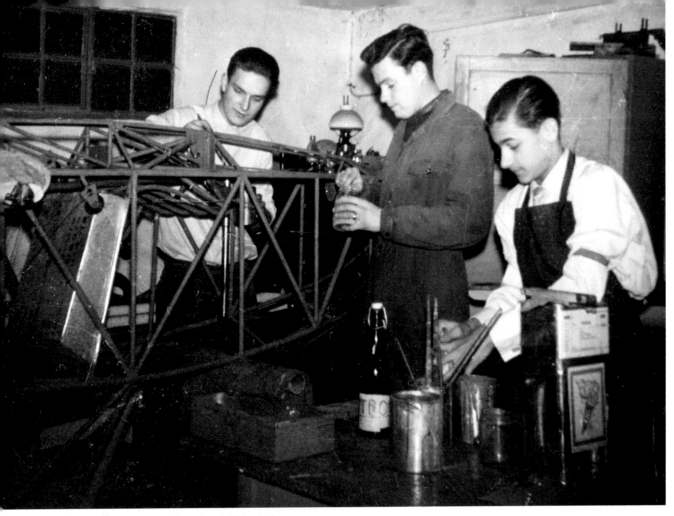

Bau des Segelflugzeugs Typ »Cumulus« in Holzminden

Taufe des Segelflugzeugs »Pingo« vom Typ »Cumulus«

An der Werkstatt des LSV Holzminden, eingerichtet bei den Stadt-
werken, musste so manches Hindernis überwunden werden.

25 PS-Hanomag-Schlepper mit Winde und Flugzeug auf dem Weg zum Ith.

Feierstunde beim Holzmindener LSV nach Reparatur des Segelflugzeugs »Cumulus«

Fluggelände auf dem Ith, links der Bauwagen des LV Einbeck, rechts die Nissenhütte des LSV Holzminden

Fluggelände auf dem Ith in den 1950er-Jahren

Motorflugzeug, Typ »Auster«

● Das Vereinsgelände auf dem Ith, 1965.

● Der NDR ist zum Interview bei der Flugzeugtaufe auf dem Ith, 1969. Sitzend Mitte: LSV-Vorsitzende R. Rüger und C. Hödicke (rechts sitzend).

LSV-Vorsitzender überreicht
ein Modell-Segelflugzeug.

Bürgermeister W. Wolf (links) tauft das Segelflugzeug Typ »ASK 13«
auf den Namen »Holzminden«, 1969.

1956 Am Deutschlandflug, ins Leben gerufen am 11. Juni 1911, beteiligten sich Piloten, deren Namen, wie zum Beispiel Ernst Udet oder Elly Beinhorn, in die Geschichte der Luftfahrt eingehen sollten.

Zur NS-Zeit wurden die Flüge zu gigantischen Leistungsschauen mit bis zu 400 teilnehmenden Flugzeugen ausgebaut.

Über zehn Jahre nach Ende des Zweiten Weltkriegs, im Juni 1956, lebte die Tradition als eine Veranstaltung
für Liebhaber wieder auf.
Seitdem findet der »Deutschlandflug« wieder alle zwei Jahre statt.

● O. Tacke und R. Rüger nach erfolgreicher Teilnahme am »Deutschlandflug«.

Flugzeugtaufe in Holzminden durch R. Rüger

Douglas Eschler mit der »Chinook« zu Besuch auf den Ithwiesen um 1980

Nach einem erfolgreichen Flug:
W. und R. Rüger, D. Rheinländer (von links)

Flugschulung mit der »ASK13«, 1989

Flugbesprechung am Startwagen, 1982

SEGELFLIEGEN

IN DER
LUFTSPORTVEREINIGUNG EINBECK e.V.

Wer möchte   S e g e l f l i e g e n   erlernen ?

<u>Mindestalter:</u>   14 Jahre

<u>Wir bieten:</u>   Segelflugschulung mit theoretischer Ausbildung in Aerodynamik,
                    Flugzeug- u. Instrumentenkunde, Meteorologie,
                    Navigation und Luftrecht
        Erlernen handwerklicher Fähigkeiten durch Wartung der Segel-
                    flugzeuge, Unterhaltungsarbeiten an Geräten,
                    Fahrzeugen und Gebäuden
        viel Bewegung in frischer Luft.

Geflogen wird an den Wochenenden auf den   I t h w i e s e n   bei Eschershausen.
        Fahrmöglichkeit ist im Verein vorhanden.

<u>Segelfluglehrgang</u>

auf den   I t h w i e s e n   in der Zeit vom 11. Juli bis 01.August 1976,

Anmeldung - bis zum 1. 5. 1976 - und Information bei W.Swat und W.Germeyer.

<u>Kontaktanschrift:</u> LUFTSPORTVEREINIGUNG EINBECK e.V.

    Schriftf.: Walter S w a t , 3352 Einbeck, Hindemithstr.21, Tel.05561/5933
    Vors.   : Walter Germeyer, 3352 Einbeck, Knickebrink 16, Tel. 05561/6846

1950 Zwei Segelflieger lancierten eine Meldung in die Einbecker Morgenpost, mit dem Inhalt, dass sich alle Segelfluginteressenten aus Einbeck und Umgebung am 28. Juni 1950 um 20.30 Uhr im Gasthaus Stadt Hannover zu einer Aussprache über den Stand der Zulassungsgenehmigungen für Segelflug-Modellbaugruppen treffen wollten. Diese, durch eine von Mund-zu-Mund-Propaganda unterstützte Meldung wirkte wie eine Initialzündung. Offenbar hatten sämtliche Flugsportbegeisterte Einbecks hierauf schon lange gewartet!

Aus dieser Zusammenkunft ging die »Interessengemeinschaft Segelflug« hervor, die nunmehr mit ihrem gewählten Arbeitsausschuß die Dinge des Segelflugsports und der Vereinsgründung vorantrieb.

Im Herbst 1950 gab der Kreis-Residenz-Offizier die Erlaubnis zur offiziellen Vereinsgründung, die daraufhin am 16. November 1950 erfolgte.

Die Einbecker Segelflieger hatten damit wieder einen Verein, mit dem sie ihre Interessen vertreten konnten, die »Luftsportvereinigung Einbeck e. V.«.

Bis zur Freigabe des Segelflugs durch die alliierte »Hohe Kommission« und damit bis zur aktiven Ausübung des Luftsports sollte es jedoch noch bis zum Mai 1951 dauern.

Bau der Olympia-Meise

Werkstatt in der alten Feuerwache, Benserstraße in Einbeck

Winterpause beim Bau der Fahrzeughalle

Bau der Flugzeughalle des LVE, 1970

Segelflugzeug Typ »Astir CS« des LSV Einbeck

Segelflugzeuge vom Typ »Ka 6 CR«, »Ka 8« und »Bf III« (von links)

● W. Germeyer

1950 Walter Germeyer bereitete mit allen Mitgliedern die am 16.11.1950 vollzogene Gründung der Luftsportvereinigung Einbeck e. V. vor. Mit kurzer Unterbrechung (1954 – 1958) war er bis 1980 Vorsitzender des LVE. Er organisierte viele Anschaffungen sowie bauliche Erweiterungen auf den Ithwiesen und kümmerte sich um die finanziellen Belange des Vereins.

1954 – 1958 Julius Viehweger war vier Jahre Vorsitzender des LVE. 1959 konnte er als Nachfolger von Fritz Sorbe das Amt des Geschäftsführers des Luftsportverbandes Niedersachsen im Deutschen Aero-Club übernehmen. Zehn Jahre führte er diese Tätigkeit mit großer Begeisterung und viel Einsatz aus. Seine Verdienste um die Förderung des Luftsports in Niedersachsen sind dann auch durch die Verleihung der silbernen Ehrennadel des DAeC (1966) und der DAEDALUS-Medaille (1969) gewürdigt worden.

● J. Viehweger

● Fluglehrer Ploß der Luftsportvereinigung Einbeck (zweiter von rechts)

● H. Huth, zweifacher Segelflug-Weltmeister mit »ASW 12« zu Besuch auf dem Ith.

Persönlichkeiten, die auf dem Ith das Fliegen erlernten

Victor von Bülow (Loriot)

Heinz Nixdorf, Paderborn

Bernd Walter, Geschäftsführer der Luftfahrtgesellschaft Walter mbH

Michael und Andi Streich, größte Flugschule in Südniedersachsen in Hildesheim

Angelika Machinek, mehrfache Deutsche Meisterin im Segelflug

Heiner Neumann, Testpilot

Fritz Morgenstern, Leiter Versuchs- und Übungsschwarm Fiat G 91 Kommodore, Jagdbombergeschwader 49

Frank Fergen, Flugkapitän

Marko Twele, Flugkapitän

Martin Schlechtinger LTG 62, Pilot Transall

Tom Fischer, Flugkapitän

Peter Tietz, Flugingenieur

Kurt Rusch, DDR Kunstflug-Weltmeister

Florian Günther, Pilot bei der Luftwaffe

Rolf Schumacher, Präsident der Niedersächsischen Landesverbände im Deutschen Aero-Club

Falko Niederstadt, Flugkapitän

Klaus Kiwitt, Flugkapitän

● Das zukünftige Flugzeug-Restaurant wird von Hamburg zum Ith transportiert.

1970/71 Bisher waren Segelflugzeuge die Attraktion für jung und alt. Jetzt läuft ihnen eine waschechte viermotorige »Viscount 814« den Rang ab. »Tischlein deck dich« heißt das Motto in einem ausgedienten Verkehrsflugzeug, das seine letzte Verwendung als Restaurant im Reich der Segelflieger auf dem Ith findet.

Die Idee zu dem recht ungewöhnlichen Restaurant kommt von einer jungen Frau: Renate Pzillas aus Eschershausen, Besitzerin eines Kiosks auf dem Ith. Sie und ihr Mann Wolfgang Pzillas kauften in Hamburg die Maschine, welche fast zehn Jahre lang im Liniendienst der Lufthansa eingesetzt worden war. Frau Pzillas reiste persönlich nach Hamburg, um die Überführung des »Riesenvogels« in die Wege zu leiten.

● Aufbau des Flugzeugs mit Hilfe eines 30-Tonnen-Spezialkrans.

Tragflächen, Leit- und Fahrwerk wurden abmontiert, der Rumpf auf einem riesigen Tieflader der Bundesbahn über Autobahn und Bundesstraßen zum Ith gebracht. Die Tragflächen trafen anschließend mit einem Großgüterwagen ein.

Das Ehepaar baute die »Viscount« in das Flugzeugrestaurant »Silbervogel« für 50 Gäste um.

Alle 50 Original-Flugzeugsitze wurden im Flugzeug um Tische gruppiert, die Bordkombüse umgebaut und das Cockpit für Besucher hergerichtet.

2002 Das Flugzeug wurde zerlegt und nach Hannover transportiert. Seitdem dient es dort als Restaurant.

Das fertig montierte Flugzeugrestaurant »Silbervogel«

Flugtage

Seit 1961

MIT DER EINFÜHRUNG von Flugtagen beginnt eines der wichtigsten und nachhaltigsten Kapitel in der Geschichte der Segelfliegerei auf den Ithwiesen.

Mit einem ersten Großflugtag zu Pfingsten, am 21. und 22. Mai 1961, zogen die Vorführungen von Kunstfliegern, Segelfliegern und Fallschirmspringern ca. 10.000 Besucher in ihren Bann. Diese Flugveranstaltungen wurden mit geänderten Programmen alle paar Jahre wiederholt und stießen zunehmend auf überregionale Aufmerksamkeit. Der absolute Höhepunkt, der bis heute nicht nur der einheimischen Bevölkerung in Erinnerung geblieben ist, war der Auftritt der Kunstflugstaffel »Red Arrows« der britischen Luftwaffe. An diesem 9. September 1969 waren die Zufahrtstraßen zum Ith kilometerweit von Autos blockiert. Viele Menschen wanderten deshalb zu Fuß über die Berge, um das spektakuläre Ereignis nicht zu verpassen. Selbst die Presse schwärmte in ihrem anschließenden Bericht über die Vorführung vom »Präzisionsflug in höchster Vollendung«. Nicht weniger beeindruckend war der Auftritt einer Canberra B2, des ersten Düsenbombers Großbritanniens. 1971 und 1973 waren es die »Macaws«, besetzt mit britischen Piloten, die die Düsenjäger für die Kunstflüge steuerten.

Das große Flugtagunglück von Ramstein am 28. August 1988 führte dann zunächst zu einem generellen Verbot von Kunstflugvorführungen in Deutschland. Drei Jahre später wurde dieses Verbot wieder aufgehoben, die Erlaubnis aber mit Sicherheitsauflagen verknüpft. Allemal setzte durch die Katastrophe aber ein Umdenken ein, besonders bei den Flugvereinen, wie der Flugvereinigung Ithwiesen, die bisher eine hohe Verantwortung für ihre Großveranstaltungen übernommen hatte.

Nach der Deutschen Wiedervereinigung kamen zu den Flugschauen am »Tag der offenen Tür« auch Flugzeuge wie die »Antonow An 2«, der größte nach dem Zweiten Weltkrieg in der Sowjetunion entwickelte Doppeldecker der Welt, mit einem 1000 PS starken Motor. Im Jahr 2008 hatten die Besucher unter anderem die Möglichkeit in einer nur noch selten zu sehenden Dornier DO 27 mitzufliegen. Dieses Mehrzweckflugzeug diente der Luftwaffe der Bundeswehr bis in die 1980er Jahre. Bis heute haben die drei Vereine der Flugplatzgemeinschaft diese Veranstaltung unter den Aspekten »präsentieren und informieren« immer weiterentwickelt.

Die Flugtage auf dem Ith sind nicht nur ein hervorragender Werbeträger für den Luftsport, sondern sie sind längst zu einer touristischen Attraktion mit überregionaler Ausstrahlung geworden.

Canberra-Bomber, 1969

**»Red Arrows« als Sensation
zum Flugtag im August 1969**

Red Arrows beim Flugtag, 1969

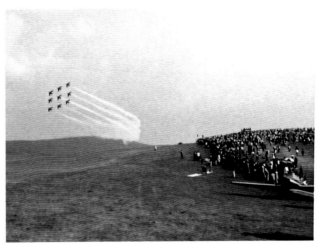

»Red Arrows«, Flugtag 1969

Hubschrauber »Sikorsky H34«

Hansa-Jet »HFB 320«, Vorgänger von Airbus, 1969

Piloten der Kunstflug-Staffel »Macaws«, 1973

Vorführung der Macaws, 1973

● Display-Pilot Rod Sergeant der »Lightning«, vor dem Flug zum Ith

● Düsenjäger »English Electric »Lightning« im Flug, 1973

● Vereinsausflug mit der »Chinook«

● »Chinook« auf dem Ith, 1982

● Abseilaktion am
RAF-Hubschrauber »Bell UH 1«

● Im Inneren der »Chinook«

● Flugzeug Typ »FW (Focke-Wulf) 44 Stieglitz«, getauft und geflogen vom legendären Schauspieler Heinz Rühmann, 1982

Tausende Menschen besuchen den Ith zum Flugtag.

Doppeldecker Typ »Focke-Wulf Stieglitz 44«,
Pilot M. Bachmann aus Walsrode, Jubiläum zur
25-jährigen Flugplatzgemeinschaft 1982

Freiballons über der »Antonow II«   Pflege der »Dornier Do 27« aus Bad Gandersheim nach dem Flugbetrieb

Fallschirmspringer von Daedalus Höxter vor dem Absetzflugzeug »Dornier Do28«   Fallschirmspringer landen am Ith

Absetzflugzeug vom Typ »Cessna Caravan«

Absetzflugzeug »Twin Otter« nach der Landung

Rolf Hankers im Kunstflugzeug »Laser«

Vorbereitung zum nächsten Rundflug

Flugzeugschlepp: Segelflugzeug »Salto« hinter einer »Steen Skybolt«

Tragschrauber »MT03« aus Höxter

Luftsport heute

Seit 2009

ÜBER DIE JAHRE zeigte sich, dass die drei Luftsportvereine Eschershausen, Holzminden und Einbeck immer kleiner wurden und die Wirtschaftlichkeit in Frage gestellt werden musste. 2009 fusionierten Eschershausen und Holzminden zur »Luftsportvereinigung Ithwiesen e. V.«. 2010 trat dann auch die LV Einbeck dem neuen Verein bei. Der Flugzeugpark wurde verkleinert, modernisiert und 2013 um ein modernes Ultraleichtflugzeug erweitert. 2011 musste das Segelfluggelände zum Sonderlandeplatz umgewidmet werden, damit weiterhin Motorflug am Ith möglich war. Große Unterstützung kam von der Landesluftfahrtbehörde und den umliegenden Gemeinden. Die Vereinspiloten fliegen aber nicht nur am Ith sondern auch regelmäßig von dort nach Österreich, Frankreich, Polen, England und in andere Länder. Auch nach der Fusion blieb die Verbundenheit zu befreundeten Vereinen erhalten, sodass Piloten aus ganz Deutschland nach wie vor die guten Hangflugbedingungen am Ith in den Herbstmonaten nutzen. Besonders stolz ist die Luftsportvereinigung auf eine große und sehr aktive Jugendgruppe.

2014 waren die Ithwiesen Zwischenstation von vier Dornier Do27 auf ihrem Sternflug um die Ostsee zum Gedenken an 100 Jahre Dornier. Im Sommer des Jahres wurde das erste Quax Oldtimer Fly-In am Ith ausgerichtet. Der große Erfolg dieser Veranstaltung unter Teilnahme von Piloten aus ganz Europa soll 2016 mit einem weiteren Fly-In fortgesetzt werden. Darüber hinaus ist geplant, eine Quax-Segelflugstation Ith zu errichten. Der Quax-Verein betreibt eine stetig wachsende Oldtimer-Flotte mit Hauptsitz Paderborn, wo am Flughafen aber kein Segelflug möglich ist. Der Ith bietet dafür nicht nur gute fliegerische Voraussetzungen, sondern auch eine einmalige Geschichte. Eine weitere Neuerung ist die Gründung einer Zukunftskommission, um den Erhalt von Fliegerei, Flugplatz und qualifiziertem Nachwuchs langfristig zu sichern.

**Erste Versammlung des LSV Ithwiesen
mit dem neuen Vorsitzenden Dr. Heiner Fricke**

2009 schließen sich die zwei
Segelflug-Vereine Holzminden und
Eschershausen zu »LSV Ithwiesen«
zusammen. Der einbecker Verein
schließt sich ein Jahr später an.

»Janus« bei der Landung.

Flugbetrieb auf den Ithwiesen

Doppelsitziges Hochleistungssegelflugzeug vom Typ »Duo Discus«

● »ASK21« im F-Schlepp hinter der Morane

● »Morane« im Endanflug auf die Piste 32

Die Ithwiesen – fotografiert aus dem »Duo Discus«

2009 Nach wie vor ist das Segelfliegen und die dafür nötige Flugausbildung Hauptbestandteil der Vereinsaktivitäten.

Das Angebot wurde jedoch stetig erweitert: Neben Segelflugzeugen verfügt der Verein inzwischen auch über einen Motorsegler, ein Motorflugzeug und seit Kurzem über ein modernes Ultraleichtflugzeug.

Auch dem Wunsch nach Privatflugzeugen wird am Ith Rechnung getragen, solange sich die Privatflieger am Erhalt des Flugplatzes beteiligen.

Ziel ist es, sich dem Wandel der Zeit anzupassen und den Flugplatz gesichert in die Zukunft zu bringen.

● »LS8« über den Ithwiesen

Fluglehrer R. Mundt erklärt Gästen das Segelflugzeug »LS8«.

● Rücktransport der »ASK21« nach einer Außenlandung

● Vorbereitungen zum Windenstart

● Wartungsarbeiten in der Vereinswerkstatt

● A.Fricke (Vorsitzender der Flugplatzgemeinschaft) und H.Fricke (Vorsitzender LSV Ithwiesen) auf unserem Willys Jeep von 1942

»Albatros« vom Segelflugzeugtyp »Janus« im Landeanflug

● S. Langner vor erstem Alleinflug. Letzte
Anweisungen von Fluglehrer K. Leiber.

● Ein Teil der Jugendgruppe beim Besuch
des Segelflugmuseum auf der Wasserkuppe

JUGENDFÖRDERUNG

Es ist wichtig, die Jugend zu fördern, damit der Luftsport auf dem Ith
weiterhin eine Zukunft hat. Der Verein bietet dafür ein ausgefallenes Hobby
oder auch ein Karrieresprungbrett für spätere Berufe in der Luftfahrt.
Die Jugendlichen lernen den Umgang mit der Technik, Eigenständigkeit,
Verantwortungsbewusstsein und Teamfähigkeit.

**Die Jugend beim Renovieren
der Vereinsunterkunft**

● Sommerfliegerlagen auf dem Ith

● Das Seilrückholfahrzeug ist auch im Winter einsatzfähig.

● J. Kreikenbohm erklärt die »ASK23« beim Kirschblütenfest
in Golmbach interessierten Jugendlichen.

● C. Langner und R. Kreikenbohm beim Überlandflug

»Chipmunk« und »Stampe« beim Oldtimer Fly-In

2014 Das erste »Oldtimer Fly-In« wurde in Zusammenarbeit mit den befreundeten Quax-Fliegern aus Paderborn veranstaltet.

Es trafen sich zahlreiche Oldtimer-Freunde aus ganz Europa zu einem lockeren Miteinander. Eine Fortsetzung ist für 2016 geplant.

»Quax« hat nicht nur Motorflugzeuge, sondern ebenso Segelflugzeuge. Sie dürfen am Flughafen Paderborn jedoch nicht betrieben werden.

Der Ith bietet neben sehr guter Thermik und Hangflugmöglichkeiten auch eine einmalige Geschichte zum Segelflug. Daher wird es ab 2016 eine »Quax-Segelflugstation Ith« geben, wo Besucher und Piloten neben dem modernen Luftsport auch – wie zu früheren Zeiten des Fliegens auf dem Ith – zusätzlich den Oldtimersegelflug erleben können.

Imposante Anzahl an Oldtimern beim Oldtimer Fly-In 2014

Boeing »Stearman« beim Start

FS44 »Stieglitz« der Quax-Flieger Paderborn auf dem Ith, 2014.
Ein alter Bekannter von den Flugtagen der 70er- und 80er-Jahre.

Auch die »D-EBFB« vom Typ »Piper L18« kehrt 2014 restauriert zurück.
Sie war in den 70er-Jahren das Schleppflugzeug des LSV Holzminden.

Boeing »Stearman« fliegt über die verschneiten Ithwiesen.

Das neue Ultraleichtflugzeug vom Typ »Bristell HD«

Zwischenstopp von vier »Do27« zum Sternflug anlässlich des Jubiläums »100 Jahre Dornier«

Blick auf die Ithwiesen aus dem Zieldarsteller-Flugzeug »OV10 Bronco«

»Dornier Do27«, vor der Verschrottung von M. Rheinländer (1. Vorsitzender des LSV Ithwiesen) gerettet, 2015

B. Diesener 2014 beim Oldtimertreffen mit dem Cumulus, der in den 50er-Jahren im LSV Holzminden gebaut wurde

Viel Besuch beim Herbstfluglager

Startwinde des Vereins

»ASK23« nach der Neulackierung

S. Pleace mit Flugplatzhund »Jule«

»Twin Astir3« und »Morane MS893A« werden für den Flug vorbereitet

Sonderlandeplatz Ithwiesen (EDVT)

Verwendete Abkürzungen

BAFO	British Air Force of Occupation
DAeC	Deutscher Aero Club e. V.
DLV	Deutscher Luftsportverband
DSB	Deutsche Schlauchboot GmbH
EDVT	Internationale ICAO-Kennung des Sonderlandeplatzes Ithwiesen
Flt	Flight Lieutenant
HAeC	Hannoverscher Aero-Club e. V.
HJ	Hitler-Jugend (für Jugendliche vom 14. – 17. Lebensjahr)
LGr.	Landesgruppe
LSH	Landschulheim am Solling
LSV	Luftsportverein
Lt	Lieutenant
LVE	Luftsportvereinigung Einbeck e. V.
NDR	Norddeutscher Rundfunk
NSDAP	Nationalsozialistische Deutsche Arbeiterpartei
NSFK	Nationalsozialistisches Fliegerkorps
RAF	Royal Air Force
RAW	Reichsbahn-Ausbesserungswerk
RDF	Radio-Direction-Finding
RSS	Reichssegelflugklubschule

Literatur

AHLSWEDE, W. 2010: Das Wappen von Cappellenhagen.
In: Arbeitskreis Dorfbuch (Hrsg.), Cappellenhagen – Unser Dorf
am Ith. Cappellenhagen 2010, S. 229 – 231.

BEIN, R. 2011: Unruhige Jahre für den Löwen.
Das Landschulheim am Solling,
Braunschweig 2011, S. 120 – 125.

BRÜNING, G. 1972: Die Geschichte des Segelfluges.
60 Jahre Wasserkuppe. Stuttgart 1972.

FEIGE, G. 2007: Segelfliegen – der Blick auf abwechslungsreiche
Landschaftsbilder. Eine Reise durch den Landkreis.
In: Der Landkreis Holzminden. Deutsche Landkreise im Portrait.
Oldenburg 2007, S. 76 – 79.

GOTTFRIED, R. 2014: Segelfliegen auf den Ithwiesen
1930 – 1945 (maschinenschriftlich). Lehre 2014.

HUMMEL, D. 2014: Luftsport in der Region Braunschweig. Von den
Anfängen bis 1945. Ballonfahrt, Segelflug, Motorflug. Die Braunschweigische Luftfahrt, Band 6. Braunschweig 2014.

HOMBURG, E. 1932: Der Ith als Segelfluggelände.
In: Der Kreis Holzminden, S. 78-79. Braunschweig 1932.

Luftsportverein Holzminden (Hrsg.) 1974:
25 Jahre Luftsportverein Holzminden e.V., 1949 – 1974.
Holzminden 1974.

Luftsportvereinigung Einbeck (Hrsg.) 1976:
Festschrift anlässlich des 25-jährigen Bestehens
der Luftsportvereinigung Einbeck e. V. und der Taufe
des Segelflugzeuges vom Typ Astir CS. Einbeck 1976.

Luftsportverein Ith Eschershausen (Hrsg) 2004:
75 Jahre Segelflug auf dem Ith 1929 bis 2004. Festschrift.
Eschershausen 2004.

MITGAU, W. 2001: Wie das Landschulheim nach Holzminden kam.
In: Jahrbuch für den Landkreis Holzminden, Band. 19, 2001, S. 107 – 124.

PFAFFENDORF, Franz: Chronik des Luftsportvereins
Ith Eschershausen. Eschershausen 1993.

SIMONS, M.: Persönlicher Bericht (maschinenschriftlich) über seine
Erlebnisse auf dem Ith zur RAF-Zeit (ins Deutsche übersetzt)

SIVERS, A. v. 1931: Die Arbeit der Segelflieger.
In: Die Innengemeinde des Landschulheims am Solling, Heft 14,
S. 16 – 17. Holzminden 1931.

STOLL, E. 1936: Wir bauen ein Segelflugzeug.
In: Die Innengemeinde des Landschulheims am Solling, Heft 23,
S. 24. Holzminden 1936.

WINKEL, F. 1969: Bilder und Berichte aus den ersten vier Jahrzehnten.
Zum 60-jährigen Bestehen des Landschulheims am Solling.
Der Landschulheimer, Heft 28, S. 1 – 69. Holzminden 1969.

Bildnachweis

S. 6 – 7	Foto Liebert/Stadtarchiv Holzminden
S. 10 – 11	Werner Ahlswede, Cappellenhagen, erster Flug
S. 15 – 18, S. 19 unten	Archiv Landschulheim am Solling (heute Internat Solling)
S. 19 oben	Peter F. Selinger, 2003: Rhön-Adler. 75 Jahre Alexander Schleicher Segelflugzeugbau. Fischer Verlag, 2003
S. 21 – 23, S. 25 oben	Werner Ahlswede, Cappellenhagen
S. 45	Kreisarchiv, Landkreis Holzminden
S. 80 – 87	Rolf Gottfried, Lehre
S. 92 oben, Mitte	Martin Simons, Melbourne
S. 92 unten	Stadtarchiv Holzminden
S. 93 oben	Dr. Heiner Fricke, Eschershausen
S. 93 unten, S. 94 – 95	Martin Simons, Melbourne
S. 98 – 99	Dr. Heiner Fricke, Eschershausen
S. 100 oben, Mitte	Karin Koch-Rosner/Stadtarchiv Holzminden
S. 100 unten	Dr. Heiner Fricke, Eschershausen
S. 106 oben, S. 107	Karin Koch-Rosner/Stadtarchiv Holzminden
S. 116, 117 oben	Karin Koch-Rosner/Stadtarchiv Holzminden
S. 119	Karin Koch-Rosner/Stadtarchiv Holzminden
S. 121 unten	Karin Koch-Rosner/Stadtarchiv Holzminden
S. 126	Verein zur Dokumentation der Luftfahrt- geschichte in Gütersloh e. V.

Alle hier nicht aufgeführten Abbildungen
stammen von der Sammlung Rheinländer.

»SG 38« beim Windenstart